1987年，赵曙明教授与管理学大师
德鲁克教授在一起

1997年夏天，德鲁克教授与赵曙明教授一家合影

1997年夏天，赵曙明教授和女儿赵宜萱与德鲁克教授合影

2009年夏天，赵曙明教授和夫人许晓梅老师拜访德鲁克夫人多丽丝·德鲁克（Doris Drucker）

2009年夏天，赵曙明教授与德鲁克夫人多丽丝·德鲁克交谈

2011年，赵曙明教授与德鲁克女儿塞西莉·德鲁克（Cecily Drucker）
在南京德鲁克论坛上合影

2014年8月11日，赵曙明教授和女儿赵宜萱拜访103岁的德鲁克夫人多丽丝·德鲁克

2014年8月11日，赵曙明教授与德鲁克夫人多丽丝·德鲁克交谈

2023年1月，赵曙明教授与德鲁克管理学院院长戴维·斯普罗特
（David Sprott）教授交流

2024年8月23日，赵曙明教授参访德鲁克教授故居

2024年8月27日，赵曙明教授和女儿赵宜萱副教授同彼得·德鲁克与伊藤雅俊管理学院院长戴维·斯普罗特教授和彼得·德鲁克与伊藤雅俊管理学院国际事务负责人克里斯廷·川村（Kristine Kawamura）教授会谈，讨论举办纪念彼得·德鲁克中国管理论坛等事宜

2024年11月10日，赵曙明教授在南京大学商学院举行的"第十一届江苏省企业家高层论坛暨纪念彼得·德鲁克先生诞辰115周年研讨会"上做主旨演讲

解 读 德 鲁 克

管理学大师的智慧

The
Wisdom
of A
Management
Guru

A Guided
Reading
of
Peter Drucker's
Classic Works

赵曙明 ◎著

彼得·德鲁克经典著作导读

机械工业出版社
CHINA MACHINE PRESS

图书在版编目（CIP）数据

管理学大师的智慧：彼得·德鲁克经典著作导读 /
赵曙明著 . -- 北京：机械工业出版社，2025. 1.
（解读德鲁克）. -- ISBN 978-7-111-77237-8

I. C93-097.12

中国国家版本馆 CIP 数据核字第 2024NL7656 号

机械工业出版社（北京市百万庄大街 22 号　邮政编码 100037）
策划编辑：张　楠　　　　　　　　责任编辑：张　楠
责任校对：李可意　王小童　景　飞　责任印制：常天培
北京科信印刷有限公司印刷
2025 年 1 月第 1 版第 1 次印刷
170mm×230mm·18.25 印张·7 插页·224 千字
标准书号：ISBN 978-7-111-77237-8
定价：89.00 元

电话服务　　　　　　　　　　网络服务
客服电话：010-88361066　　　机 工 官 网：www.cmpbook.com
　　　　　010-88379833　　　机 工 官 博：weibo.com/cmp1952
　　　　　010-68326294　　　金 书 网：www.golden-book.com
封底无防伪标均为盗版　　机工教育服务网：www.cmpedu.com

　　彼得·德鲁克先生是当代著名的思想家，也是管理学领域的一代宗师。德鲁克先生不仅为现代管理学和社会生态学奠定了坚实的基础，更在商业、政府和非营利组织等领域产生了深远的影响。他特殊的家庭背景、传奇般的经历、渊博的学识及睿智的才思，使他在政治、法律、社会、管理、历史等多个学科领域都留下了深刻的见解和引人深省的启示。德鲁克先生一生出版了39部著作，其中包括《管理的实践》《卓有成效的管理者》《管理：使命、责任、实践》等经典著作。他仅在《哈佛商业评论》上就发表了近40篇文章，其中7篇荣获"麦肯锡奖"。迄今为止，先生的著作和论文已被翻译成37种语言，在世界各国广为传播，成为全世界管理者、学者们奉为圭臬的必读经典，对现代企业的组织与管理产生了重要的影响。

　　德鲁克先生一生以"旁观者"自居，以"除非能改变人们的生活"作为从事学术研究的重要法则，带着一双慧眼去观察和感知世事运行的规则与规律。他从宏观的角度把控世界局势，洞察"已经发生的未来"。作为"一个走在信息时代前面的人"，德鲁克先生对社会的独立观察、思考、判断与预测仍然有助于我们应对今天遇到的诸多问题。借用美国企业史大家钱德勒"管理革命"的概念，目前中国正在经历自己的"管理革命"，不论是对中国企业的管理进步还是对社会生态演进来说，不断学习和思考德鲁克的思想都具有深刻的意义和价值。

一本优秀的著作就像一座永不枯竭的宝藏，它可以陪伴我们一生，让我们终身受益。这样的著作一旦问世，就已经独立于作者和时代，成为每一位读者一生享用不尽的精神财富。30多年前在美国读书期间，我常常聆听德鲁克先生的教诲，多次读过先生的著作，受益良多。尔后，每每碰到新问题，我都会重新研读先生的著作，重温他的教诲。随着阅历的增长和知识的丰富，我都会有新的启发，受到新的教益。我从德鲁克先生身上学习到对工作的态度、对人生的追求、对学习的热情。我经常讲德鲁克先生的"知行合一"对我影响甚大——付诸实践，不空谈管理。德鲁克先生是我的精神导师，因此，传播德鲁克管理思想也是我的重要使命。有机会为德鲁克管理学说引进中国做些力所能及的事情，我倍感荣幸。

本书按照彼得·德鲁克先生著作的出版顺序进行编写，对德鲁克著作所蕴含的管理思想进行了比较全面的解读和较为深入的探讨。我编写出版本书，并不仅仅是为了纪念这位著名的管理学大师、传播他的管理理论和宣传他的管理思想，我更希望本书能够成为读者理解德鲁克思想的重要参考，激发读者对管理学的探索与思考，帮助读者更好地把握和理解德鲁克先生思想的精华，并将其管理思想运用于企业的管理实践。

最后，我要感谢曾颢、曹曼、张敏、蔡静雯、李茹、魏丹霞、何光远、倪清、刘霞、张紫滕、李进生、马雨飞、张佳蕾、陈嘉茜、胡雨欣、胡陈红、李璐、钱晋、阚卓凡、柯俊霖、张珂怡、王雨欣等我的已毕业的、在读的博士生、硕士生及已出站的、在站的博士后在书稿撰写方面所做的大量工作；特别感谢赵宜萱老师和陈嘉茜博士花费了大量时间多次帮助校对；衷心感谢机械工业出版社对本书的重视与支持，感谢机械工业出版社编辑老师们在本书编辑与出版过程中给予的大力支持与帮助。

圄于眼界和视野的局限、精力和能力的制约，本书仍存在种种不足。对于书中的疏漏与不当之处，敬请读者批评指正。

南京大学人文社会科学资深教授、南京大学商学院名誉院长

南京大学行知书院院长、博士生导师

2024 年 4 月 26 日于英国伦敦

目录 CONTENTS

前　言

经济人的末日

THE END OF ECONOMIC MAN

导言

在历史的长河中，经济学家们被赋予了预测未来、指导现实的重任。他们的理论如同星辰，为社会航船指引方向。然而，当极权主义的压迫逐渐侵蚀社会的自由与民主时，那些曾经指导社会发展的经济学理论是否还能发挥作用？

《经济人的末日：极权主义的起源》（以下简称《经济人的末日》）并非一本单纯的经济学著作，而是一部探讨人性、权力与社会结构的深刻之作。该书的写作背景深植于 20 世纪前 25 年欧洲极权主义兴起的历史。德鲁克通过深入研究那个时代欧洲各国的经济政策、政治运动和社会变革，揭示了经济学家在极权主义面前的无力感，以及他们的理论如何被用来为专制统治服务。

该书试图解答的，不仅仅是经济学家在极权主义浪潮中扮演了何种角色，更是他们的理论如何被操弄，成为推动极权主义蔓延的工具。在 20 世纪上半叶的欧洲，底层民众对自由与平等的理想与不平等的社会现实之间的冲突，以及他们在权力面前的妥协与抗争，构成了一幅幅令人深思的画面。当极权主义的脚步声越来越近时，人们如何识别和抵抗那些看似合理却充满危险的命令？

阅读《经济人的末日》是一次思考的邀请，这既是对历史的一次反思，也是我们的一次自省。我们相信，只有重视历史，我们才能更好地理解现在，更理性地面对未来。

概述

《经济人的末日》是首部从社会层面理解极权主义兴起的著作，构成该书主线的是政治、经济与社会的变迁，其主题是极权主义的兴起而非信仰的崛起。它专注于20世纪上半叶一个特殊的历史现象——极权主义兴起进而支配了整个欧洲。

在该书中，德鲁克分析了"群众的绝望"这一导致以法西斯主义为代表的极权主义兴起的原因。他认为，追求自由与平等是人类的本性，将实现自由平等作为追求的目标并保障人民的自由和平等，则是每个社会权力合法性和正义性的来源。

德鲁克在书中提出，极权主义的兴起是欧洲基督教教会"将工业社会结构融入非机械化的秩序"的尝试落败以及社会秩序崩解的直接后果，而其根本原因在于"经济人"概念的崩解。所谓"经济人"，是指将人视为单纯追求经济利益的理性个体，这一概念是资本主义据以建立的基石，也是18～19世纪欧洲社会的核心信条。德鲁克认为，经济人的概念未能解决社会不平等和不稳定的问题，战争和失业两大"恶魔"导致了群众的失望和反抗，为极权主义的诱惑提供了土壤。他进一步指出，极权主义以暴力和恐怖为手段，以神话和意识形态为工具，以领袖和政党为核心，以国家和民族为目标，试图建立一个理想的世界。极权主义的真正危险不仅在于其暴行和罪行，更在于它对自由和尊严的否定，对历史和文化的破坏，以及对精神和生存意义的威胁。德鲁克强调，抵抗极权主义的前提是认识到经济人概念的失败，人们必须重新审视人的本质和社会的目标，寻找一种既能保障个人的自由和权利，又能维护社会和谐与正义的新社会理念。

德鲁克认为，人民之所以可以忍受不自由和不平等，是因为他们所信仰的主义承诺最终会实现自由和平等，因此一旦信仰失效，现有的贫困和痛苦将变得不可忍受。每一个有组织的社会都是建立在一种涵盖了人的本质及其在社会中的功能和地位的概念之上的。资本主义社会认为，人类自由地从事经济活动是实现社会目标的方法。然而，当社会的经济秩序无法满足人们对自由和平等的需求时，人们就会转而从非经济要素上寻求满足感，当时的法西斯政权正是利用了民众的这一心理，从而获得了广泛支持。那时，法西斯主义以否定一切的态度登场，甚至会同时反对相互矛盾的双方，而人们在法西斯主义对社会生活的管控下乐于自我劝服，相信自己不相信之事。

评论

在这部深入探讨 20 世纪初欧洲社会政治动荡和极权主义兴起的重要著作中，德鲁克以其独特的视角和深入的分析，为我们理解那个时代的复杂性和挑战提供了宝贵的见解。该书对任何对政治学、历史学和社会学感兴趣的读者来说，都是一部不可或缺的重要读物。

该书不仅为我们提供了对欧洲历史的深度解读，也为未来如何预防极权主义卷土重来提供了见解，能够帮助我们从过去的错误中学习，避免重蹈覆辙。同时，它也提醒我们要警惕权力的滥用，关注社会的公正与公平，而不是单纯追求个人经济利益。因此，该书对于我们理解历史、洞悉现状、展望未来、塑造正确的价值观和人生观具有不可估量的重要性。

在当今世界，在全球化和信息化的大背景下，经济活动的主体已经不再是孤立的个体，而是社会的各种组织和群体，这就要求我们必须从社会的角度来理解和解释经济行为。

德鲁克的论述对我们理解和应对当前的社会经济问题提供了重要的理论工具。例如，在当今社会中，存在着经济不平等、环境污染等一系列复杂的社会经济问题。这些问题的解决需要我们跳出传统的经济人框架，从社会和非经济的角度来理解和应对。

阅读指南

《经济人的末日》深入探讨了极权主义的起源及其对社会、经济和政治结构的深远影响。

德鲁克在书中反思了现代性的问题，强调极权主义的兴起不仅是历史的产物，更是社会结构和价值观的深刻反映。他揭示了极权主义作为政治力量快速兴起的社会和经济影响，以及这一过程如何引发了深刻的社会变革。在第 1 章中，德鲁克讨论了"反法西斯主义的错觉"，指出了彼时欧洲社会面临的主要问题，如"政治生活的一切制度都失去意义，或是令人怀疑"。第 2 章深入分析了"群众的绝望"及其对极权主义兴起的推动作用。第 3 章探讨了"恶魔再现"的现象，分析了社会在失去理性秩序后的混乱状态。第 4 章则聚焦于"基督教教会的落败"，讨论了宗教在社会信仰崩溃中的角色及其对极权主义的影响。第 5 章通过意大利和德国的实例，探讨了"极权主义奇迹"的本质及其社会经济基础。第 6 章详细描述了"法西斯主义下的非经济社会"，分析了法西斯主义如何通过非经济手段维持社会秩序。第 7 章质疑了"极权主义革命的奇迹"，指出其本质上的虚幻性。最后，在第 8 章中，德鲁克分析了"未来东西对抗"的可能性，并在后记中总结了极权主义对社会结构的长远影响。

读者在阅读《经济人的末日》时，应该关注德鲁克如何将极权主义兴起的过程与广泛的社会、经济和政治变革联系起来。此外，书中提出的社会警示和对未来的预测，对于理解极权主义的历史教训及其对现代社会的潜在影响也具有重要意义。

• 彼得·德鲁克语录[⊖] •

1. 这场失败在经济领域产生了最直接的影响。它使政治生活的一切制度都失去意义，或是令人怀疑。但它最深刻的影响反映在所有社会据以建立的基本概念上：社会中的人所具有的本质、功能及地位。个人的经济自由不会自动造就平等，这个事实已经摧毁了资本主义和社会主义据以建立的有关人类本质的概念：经济人。

2. 群众的绝望，就是理解法西斯主义的关键。不是"暴民造反"，也不是"无耻宣传的胜利"，而是旧秩序瓦解又缺乏新秩序所造成的彻底的绝望。

3. 每一个有组织的社会，都立基于一种概念，一种涵盖人的本质、社会功能与地位的概念。不论这个概念是不是人类本质的真实写照，都一定会真实反映出社会的本质，而社会也依此概念来辨识、鉴别自己。

4. 国防经济的实质内涵，就是要让所有的社会关系遵照"上级与下属""军官与士兵"这样的关系模式。它企图以军令的权威取代经济特权，以军事奖赏的殊荣取代经济报酬；以军队的荣誉代替私人的利益动机；以单兵的功能取代生产线工人的功能。

⊖ 本章语录中的内容引自上海译文出版社 2015 年版《经济人的末日：极权主义的起源》。

工业人的未来

THE FUTURE OF INDUSTRIAL MAN

导言

当德鲁克于 1942 年完成《工业人的未来》这部著作时，他不仅是在混乱中寻求秩序，而且是在为那个即将到来的新世界描绘蓝图。第二次世界大战的炮火与硝烟正在欧洲大陆肆虐，旧有的秩序被破坏，而新的秩序正悄然酝酿。在这个历史的转折点上，德鲁克用他的笔触记录了人类社会上的这一重大变迁，揭示了一个由工业力量主导的新时代的到来。

在《工业人的未来》一书中，德鲁克探讨了个体与社会、自由与责任之间的微妙平衡。他预见到，未来的社会将是一个由工业化驱动的社会，而其中的个体，将不再是孤立的存在，而是与他人紧密相连的社区成员。他通过对"身份"和"功能"这两个关键概念的分析，揭示了个人与社群之间的内在联系，也指出了一条通往更加和谐、有序的社会的道路。德鲁克强调，在新工业社会中，个体需要找到自己在社会中的角色和功能，这样才能实现自我价值和社会价值的双重提升。每个人都应该根据自己的能力和兴趣，找到适合自己的工作和社会角色，这样才能在社会中发挥出最大的效能。同时，个体也需要承担起相应的社会责任，为社会的和谐与进步做出贡献。

此外，德鲁克的这部作品还为我们提供了一个反思当下、展望未来的视角。在当今这个快速变化的世界中，我们面临着许多挑战和机遇，《工业人的未来》提醒我们，要想适应变化，我们需要重新审视自己的价值观和生活方式。我们需要认识到，个体的自由和责任是相辅相成的，只有通过实现这两者之间的平衡，才能构建一个和谐、可持续发展的社会。

概述

作为德鲁克工业社会三部曲的开篇之作，《工业人的未来》不仅提出了一般性的社会理论，更深入剖析了工业社会的内在结构和运行机制。其章节编排和主题构建均紧密围绕工业社会及其管理的核心议题展开。该书共9章，依次探讨了工业社会带来的社会变革、功能社会的定义与特征、19世纪重商主义社会的兴衰、20世纪工业社会的现实状况，以及希特勒主义对工业社会的挑战及其最终失败等关键议题。

德鲁克在《工业人的未来》的开篇部分，首先为读者描绘了工业社会的崛起及其对人类社会产生的深远影响。他强调工业社会作为现代社会的一个重要阶段，其独特的经济、社会和文化特征使得人们的生活方式、工作方式以及社会结构都发生了显著的变化。

此外，德鲁克在该书中阐述了两个核心的社会理论：一般性社会理论和特殊性工业社会理论。一般性社会理论强调社会的功能性，即社会的每个组成部分都需要具备特定的功能，并且这些功能必须相互协调，以实现社会的和谐与稳定。该理论进一步突出了合法性的重要性，即社会的规则和制度只有得到大多数社会成员的认同和支持，才能保障社会的稳定与进步。特殊性工业社会理论则是一般性社会理论在工业社会这一特定历史阶段的具体应用。工业社会是在20世纪出现并在第二次世界大战中占据主导地位的社会形态。该理论深入剖析了工业社会的独特属性与问题，包括工业化对人们生活方式的影响、社会阶层与权力结构的变迁，以及工业社会面临的各种社会问题。在阐述这两个理论的过程中，德鲁克也对一些历史事件进行了深入的分析和解读，如希特勒主义的挑战与失败等。

在该书的最后部分，德鲁克对工业人的未来进行了展望。他认为，随着科技的不断进步和社会的不断发展，工业社会将面临更多的挑战和机遇。只有持续地创新和改革，才能确保工业社会的稳定和繁荣。同时，他也呼吁人们更加关注工业社会所带来的社会问题，并积极寻求解决方案。

评论

《工业人的未来》是德鲁克的一部重要著作，它既展现了作者的经济学视野，又融合了社会学和政治学的理论和分析方法。尽管《工业人的未来》成书于80多年前，但德鲁克所洞察到的社会现象和趋势，对于理解和应对当下的经济现象和社会变迁仍具有重要的指导意义。

首先，德鲁克在书中提出的社会的功能性和合法性的观点，在今天的数字化浪潮中显得尤为珍贵。在如今这个信息量巨大、技术快速迭代的时代，企业需要更加关注其业务行为对社会的影响，确保自身的发展与社会价值相契合。例如，随着生成式人工智能技术的兴起，企业在利用这些技术进行数据分析、自动化内容创作等时，必须遵守数据安全法规，尊重隐私保护原则，以确保合法合规经营。

其次，德鲁克在书中强调了自由与责任的平衡，这对于应对当下经济和社会的变化具有指导意义。在数字化时代，数字技术带来远程办公、在线教育等新型工作模式和学习方式，赋予了企业更加灵活的管理策略和资源配置能力。同时，伴随着信息传播速度加快，社会透明度提高，企业行为更容易得到社会监督和评价。因此，企业在享受技术红利的同时，应强化社会责任意识，具备高度的自律精神，遵守规范，以实现经济效益与社会效益的双赢，共同推动社会的可持续发展。

最后，德鲁克在书中对管理层兴起的阐述，对现代企业经营管理同样具有启发意义。在快速变化的市场环境中，企业需要建立一支专业、高效的管理团队，以应对各种挑战和机遇。同时，企业还应注重人才的培养和引进，为企业的长期发展提供坚实的人才保障。例如，通过运用大数据分析、人工智能等技术手段，企业可以更好地挖掘和管理人力资本，实现人岗匹配、人才培养和激励，从而提高企业的核心竞争力。

阅读指南

《工业人的未来》因其内容之丰富和预见性之深远，成为一部常读常新的经典作品。每次阅读《工业人的未来》，都是一次与过去和未来对话的机会，一个自我反思和世界观更新的过程。在不同的时间节点，该书总能提供新的启示，让读者对变化中的世界有更深刻的理解和适应能力。

关于如何阅读该书，首先，可以从历史脉络入手，全面审视工业化背景下的社会变迁、经济转型以及管理思想的演进轨迹。了解德鲁克如何精准地基于当时的社会状况，对未来的发展趋势做出预见性的洞察并提出管理上的独到见解。接着深入探究书中提到的核心理论概念，如西方人已成为"工业人"、管理层兴起、一般性社会理论、特殊性工业社会理论等，理解这些现象的起源、内涵及其相互之间的逻辑关系。

其次，在掌握了理论基础后，将书中的理念与当今世界的社会经济现象进行对照分析。通过分析当前企业环境、劳动力市场变化、技术创新以及社会结构的演进，验证德鲁克理念的适用性和有效性。同时，批判性地思考哪些理念依然具有指导价值，哪些理念需要根据新的经济社会条件进行调整或更新。结合具体案例，如不同行业中的企业管理实践、劳动力市场的变化趋势等，观察德鲁克理念的现实体现。

最后，以未来为导向，利用从《工业人的未来》中获得的见解进行前瞻性思考。探索德鲁克的理念和分析思路对于理解未来工作模式、企业组织变革和社会经济发展趋势的价值。在设想未来可能的发展趋势时，思考如何在职业规划、企业战略制定等方面提前做好准备。同时，着眼于长远发展，评估需要进一步发展或深化的领域（如人工智能、数字化转型等新兴领域）对管理理论和实践的影响。

• 彼得·德鲁克语录[⊖] •

1. 个人的社会身份和社会功能，可以看作群体与个体成员之间的关系方程式。它符号化了个人与群体之间的相互交融整合。它表达了根据社会话语言说的个人意志以及根据个人话语言说的社会意志。

2. 无论何种社会，其社会与个人之间的功能关系的种类和形式，无不取决于该社会关于人的本质和终极圆满的基本信念。

3. 一个社会，除非赋予其个体成员以社会身份和社会功能，除非其社会决定性权力具有合法性，否则就不能发挥功能。这也许可称之为一种"纯社会理论"。

4. 工业体系的生产是竞争性的，而不是互补性的；是变化无定的，

⊖ 本章语录中的内容引自机械工业出版社 2019 年版《工业人的未来》。

而不是固定不变的。

5. (规则制定者的资格) 应是财富与经验, 传统与机敏, 经营上的敏锐与对非成文法规的看不见的限制的通晓把握, 以及责任心、正直感和首创精神等的混合——那种无声无息但却又具体实在的资格, 也许只能用"位望"(standing) 一词来表述。

公司的概念

CONCEPT OF THE CORPORATION

导言

　　1943 年，德鲁克受全球最大的汽车制造商之一——通用汽车公司之邀，花了一年半的时间完成企业调研，并于 1946 年出版了《公司的概念》一书。德鲁克写作期间正值第二次世界大战结束，他深刻认识到美国大型工业企业强大的组织能力是"二战"胜利的重要因素。而且这些企业在战后向民用经济领域转型，高度组织化的大企业逐渐成为美国社会的主导力量。然而，尽管这支力量如此重要，当时的美国学界却对其关注不足，仍停留在古典经济时代的理解层面，将公司简单地视为市场主体，并未深入了解其内部运作机制和企业管理概念的深远影响。德鲁克则根据其调研，将公司视为一种为了满足社会需求和需要而将人们集合起来的组织，认为公司必须在寻求自身利益最大化的过程中自动履行社会义务。

　　该书被认为是现代管理学的奠基之作，书中首次尝试揭示组织实际运作的方式，面临的挑战、问题，以及组织运作所遵循的基本原理，并分析了"二战"后新工业社会的出现。德鲁克在撰写《工业人的未来》后，通过对通用汽车公司的研究观察，提出庞大而复杂的组织具有重要研究价值，对此类组织的研究可以帮助揭示诸如组织结构设计、管理权力的分配等管理学上的重要原则和规律，推动管理思想的深入发展。他认为通用汽车公司的管理实践和组织结构反映了当时美国工业界的普遍现象。由此该书一经出版即在企业界引起了巨大反响，包括福特汽车、通用电气在内的许多美国大企业都根据书中内容进行改革和重组。日本丰田公司也深受该书影响，丰田模式中的分散化与授权、以人为本的管理等理念即源自该书。

作为德鲁克的工业社会三部曲之一，该书之所以以"公司的概念"命名，是为了从另一个角度来看待组织，理解公司的本质。德鲁克作为法学博士，从社会学和政治学的角度看待大型公司，将其视为人际关系的合作系统，强调构建有效的合作系统是公司管理的核心问题。正如很多读者知道的那样，德鲁克认为自己是一名社会生态学者，他真正关心的是个人在社会环境中的生存状况，管理则是新出现的用来改善社会和个人生活的工具。书中还讨论了要想真正理解组织，必须从特定维度出发，洞察组织的本质。该书通过对通用汽车公司的运作方式，面临的挑战、问题，及其遵循的基本原理的梳理，解读工业社会的本质、内在结构和运作机理，以及大型公司作为工业社会基本单位的全貌。

概述

《公司的概念》奠定了管理学与管理研究的基础，它最重要的贡献是提出了"组织"的概念。德鲁克把公司视为"集合众人努力，以完成共同目标"的组织，认为它是人的组织，而不是没有生命的机器复合体。在德鲁克之前，人们把大型公司视为依循物理法则运作的大型机械，该书则深入探讨了大型公司作为一种独特的社会组织形式的本质和功能。德鲁克在书中提出了关于公司的重要观点和理论，剖析了公司在现代社会中的角色和影响。

此外，德鲁克强调了公司的使命和责任。他认为，公司的首要任务是创造客户价值、实现经济效益，同时要承担起对员工、社会和环境的责任，积极参与社会公益事业，推动社会进步和发展。他强调，公司作为社会机构，应该追求长期发展和可持续经营，而非仅仅追求短期利润。在该书中，德鲁克探讨了公司的组织结构和管理方式。他提出了许多关于有效管理和提升领导力的原则，包括重视员工的发展、建立灵活的组织结构、注重创新和变革等。在他看来，公司的成功取决于管理者的能力和决策，以及组织内部的协作和沟通。

德鲁克在书中继续探讨了公司作为一种社会组织形式的重要性和影响，提出了关于公司使命、公司管理和公司社会责任的重要观点和理论。德鲁克表示，公司不仅是股东的私有财产，更是社会的重要器官，它应在其组织和运作的过程中体现社会主流价值观，给员工发挥才能的机会，实现他们作为人的目的。公司还必须让自身利益与社会利益保持一致，成为推动社会进步的力量。这些观点对当代企业管理和社会发展具有重要的启示意义。

该书通过探讨通用汽车公司的核心管理层及其主要职能，以及该公司授权与赋能、考核与任免的流程，提出这种组织设计既保证了强有力的核心管理层的领导，又培养了精明能干的分部经理，实现了集中统一和分散决策的平衡，让通用汽车公司既具备大公司的规模性又保持小公司的灵活性。德鲁克指出，这是最适合大型公司的组织结构。分权制的重要功能在于系统性地培养领导人才，而垂直管理的集权制则难以培养具备领导者特质的通才，这对大型公司来说是一个致命问题。分权制让低层经理人有机会学习如何成为领导者，能够锻炼他们的独立领导能力，从而源源不断地培养领导人才，这是分权制最大的优势所在。这样的讨论也可以启发人们对于不同公司组织结构的思考。

评论

　　尽管《公司的概念》出版于 20 世纪，但其中的管理理念和观点在当今社会仍具有重要的现实意义。比如德鲁克提出，公司要想生存并成功运作，需要处理好三个互相依存的问题：领导问题、基本政策问题，以及行动和决策的标准问题。德鲁克认为，我们常忽略了"人的组织"才是创造生产奇迹的关键，而不是生产技术。很多生产上的"技术问题"，其实不全然是"技术"问题，而是"人"的组织的问题，包括人与人的关系、人与制度的关系。

　　以上德鲁克的管理思想在当今复杂多变的商业环境中仍具有重要的理论和实践意义。在人工智能不断发展、企业的数字化进程不断推进的背景下，管理者通过阅读德鲁克的著作可以透过现象看见事物发展的本质与规律。企业作为社会的一部分，其存在是为了实现某种特殊的使命和社会职能。任何组织的存在都是为了满足社会某方面的需求，实现特定的社会目的。市场不是由经济力量创造的，而是由人创造的，因此企业必须从顾客的角度去定义和感知自己应该提供的产品与服务。企业的本质和目标不仅限于经济业绩，也不局限于形式上的准则，而是体现在人和人之间的关系中，这种关系不仅包括公司成员之间的关系，也包括企业与社会的关系。德鲁克对公司的概念本质的理解，可以引发我们思考：在数字智能时代，公司的出路在哪里、行业发展的方向是什么，以及公司和人的关系通向何处等有关公司本身的价值和意义的问题。同时，组织中人的感受、组织发展的目的以及人工作的意义也是值得思考的方向。书中德鲁克对弹性和创新、领导力与管理思想、公司社会责任、员工参与和协作的思考还为现代企业的发展提供了指引。

阅读指南

该书分为 4 章。管理实践的研究者可以细读第 1 章 "一国之内的资本主义"。这部分内容探讨了大型公司能否获得其所处社会的信任并兑现承诺，分析了公司目标与社会功能的关系。第 2 章 "作为人类成就的公司" 适合管理者了解组织机构的形式和运行机制，以及分权的实质与方式，无论是初创公司还是大型公司的管理者，都能从中获取值得借鉴的关于运营理念和方式的信息。第 3 章 "作为社会性组织的公司" 讲述了公司不仅要与社会的功能性相协调，还要协调自身与社会的道德目标，以实现其所处社会的信仰和承诺。通过深入分析工头和普通工人，德鲁克得出结论：在工业社会中实现机会均等和唤醒工人的公民意识符合大型公司的根本利益，这提醒人们应多角度地去了解不同阶层的关系。第 4 章 "工业社会的经济政策" 论述了社会和公司之间并不存在不可调和的矛盾，社会需要与大型公司的需求、目标可以达成和谐。公司利润和盈利不仅符合社会利益，也对社会福利的存在起着重要作用。

─────── • **彼得·德鲁克语录**⊖ • ───────

1. 只有每个大国都能够证明它的特有体制既稳定又成功，维持世界和平这项史无前例的任务才有可能被完成。
2. 一个社会里最重要的不是静态的多数，而是动态的要素；不是大多数的事实，而是一个社会模式中组织事实的象征事物；换句话说，重要的不是普遍的现象，而是代表性事物。

───────

⊖ 本章语录中的内容引自机械工业出版社 2018 年版《公司的概念》。

3. 如同军队或其他任何社会机构一样，公司真正重要的不是个体的成员，而是成员之间的管辖和责任关系。

4. 机构必须趁有希望的候选人年纪尚轻、职位尚低之时，就考核他们的独立领导能力，因为此时他们还有时间去学习，而且即使他们犯错也不会危及机构的整体利益。

5. 没有能力为自己培养领导人的机构是没有生命力的。

新社会

THE NEW SOCIETY

导言

《新社会》首次出版于 1950 年，彼时正值"后第二次世界大战时代"，这是旧秩序遭到空前破坏，新秩序尚未建立的迷茫期，也是充斥着机遇与挑战的发展期。除美国以外的主要工业国家虽然站在了时代的转折点上，但也都需要在一片废墟中建立新的秩序。面对战后百废待兴的局势，整个社会被不确定性的浓雾厚厚地笼罩着。

该书是德鲁克继《工业人的未来》和《公司的概念》之后对在第二次世界大战中占据主导地位的社会形态——工业社会进行分析与诊断的三本著作中的最后一本。作为德鲁克工业社会三部曲中的第三本书，该书在对前两本书的精华进行提炼的同时，又进一步将它们凝练成系统的、有组织的对工业社会的理论与实际的分析，其中涉及工业社会的关键构成要素、主要机构、社会特性、问题与未来。该书重点探讨了第二次世界大战后形成的工业社会中的新权力组织——工业企业，以及工业社会的秩序问题。分析的对象包括大型企业、政府、工会以及个人在这些机构中的地位，以帮助人们理解工业社会的本质、内在结构和运行机理，以及工业社会的基本单位——企业及其管理的全貌。

在《新社会》中，德鲁克对于工业社会的大规模生产和社会变革进行了深入思考，通过自己的观察和分析，揭示了大规模生产对社会带来的深远影响，并由此提出了关于未来社会发展的深刻见解。他将目光完全投向了企业，专注于研究企业进行组织生产活动的基本原则和政策。该书标志着德鲁克的研究视野彻底转向了管理与组织。

概述

《新社会》一书揭示了，亨利·福特的第一家工厂所建立的大规模生产原则，既不是一种单纯的技术，也不是一种简单的工具，而是可以指导与组织一切生产制造活动的基本原则。这种大规模生产方式的扩张影响广大且深远，扩张的广度体现在地理范围上，而深度则体现为其对传统的、前工业文明的、非工业化的领域与职业的逐步渗透，这种大规模生产方式已经在不知不觉中融入了农业、商业、科学研究等诸多领域。

20世纪40年代，德鲁克敏锐地洞察到了社会的变迁，并深入分析了大规模生产对社会带来的影响。他认为，大规模生产不仅是生产方式上的变革，更是社会秩序上的巨变，它使人们不再过多地依赖传统的家庭、社区等社会组织形式，而是更多地关注于市场和职业关系。这一转变无形中促使人们对自我认同和归属感进行重新思考，并改变其原先的工作方式。它深刻地影响了人与人之间的关系，将个人与组织紧密联系起来。此外，大规模生产的原则不仅适用于生产与制造活动，也同样适用于"将人们组织在一起有效工作"这一方面。大规模生产的体系给传统文化、人与社会及人与家庭的关系带来了颠覆性的影响，其中最为显著的是劳动者与产品及生产工具的分离——这也是大规模生产体系的本质特征，它动摇了所有传统社会中原有的地位与声望体系，它令传统社会解体，使个人失去了原有的根基。由此可知，大规模生产对人类社会而言是一把双刃剑，在肯定其正向作用的同时，也需要注意到它对所有处于前工业阶段的文化和社会而言，犹如一种无法抗拒的腐蚀剂，因此世界需要一种工业时代的政治与社会制度的典范。

德鲁克认为，促使人类经济步入新纪元的不是工业化本身，而是它所能带来的更高的生产效率和生活标准。在这种新的社会秩序下，他指出企业是一种自治性的组织，它有自身的运行规律及原理。企业不是国家的创造物，但是企业应该和政府、人民有和谐统一的价值观。企业既要组织必要的生产资料来创造产品，也承载着企业员工和社会大众的期待。此外，他强调企业的首要原则是盈利，这是企业持续经营和应对风险的基础，也是企业首要的社会责任。企业还需要遵循"生产率提高原则"，企业需要通过有效管理有形资源和无形资源来创造更多价值，承担社会责任。

在该书中，德鲁克也对工会的持久性提出了疑问。他始终深信需要有一个权力集团来制衡握有权力的管理层，尽管当时工会势力强大，但他认为传统的工会可能不适合作为权力制衡者。

德鲁克还对组织在工业社会中的角色进行了深入探讨。他认为，随着知识经济的不断发展，组织的结构和管理模式必须不断调整和创新，以适应日益复杂多变的市场环境。一个高效、灵活且具有创新精神的组织是确保竞争优势的关键。同时，他也强调了非营利组织在社会中的重要作用，它们在解决社会问题、推动社会进步等方面发挥着不可或缺的作用。

该书通过对工业社会秩序方面四个问题的剖析和对工业秩序四个基本原理的论述，循序渐进地揭示了工业社会所带来的变革和机遇。全书有两个主题："第一，20世纪的工业社会是一个新的、特殊的社会，它是全球性的"，而非单纯归属于"西方的"或"资本主义的"范畴。应对其深入发掘与探索；"第二，这个新社会有它自己特殊的社会性组织，即工业企业，工业企业里有它的管理层、工厂社区及其连体孪生兄弟——工会"。

评论

尽管《新社会》是在半个多世纪前出版的，但其中的许多观点在今天的社会中仍然具有惊人的预见性和相关性，如知识经济的兴起、远程工作的普及以及非营利组织在解决社会问题中的作用，都在不同程度上验证了德鲁克的预言。同时，该书的研究方法、分析思路以及基本概念框架在今天仍然适用，尤其是关于基本的组织（政府、企业和非营利组织）、管理的职能及限制、个人独立性需求及发达社会中主要机构的社区（工厂社区）、将劳动力作为一种资源等话题的讨论。此外，该书的进步性还体现在德鲁克试图将工业社会的社会学原理和自由社会的政治学原理联系起来展开分析。德鲁克写作的根本目的并不是描述一个理想的社会，而是寻求一个适合那个时代的社会。而对当今的人们而言，面对当下世界百年未有之大变局，必须认识到时代已然变得与半个世纪前不同。我们现在至少可以直面这样的现实：这个世界的构成是十分复杂的，有些事情不是只靠良好的意愿就能解决的。

德鲁克的《新社会》以其独到的见解，勾勒出一幅全新的社会画卷。它不仅是一本关于管理的教科书，更是一部深刻剖析社会变迁深层规律的著作。它提供了一个理解现代社会转型的框架，并对未来的发展趋势进行了预测。时至今日，该书依然能够激发我们对于社会、经济和管理的新思考。通过回顾德鲁克的观点，我们可以更好地理解当前的社会变化，为未来面对多元化、复杂化的挑战做好准备。

阅读指南

《新社会》一书在章节安排上，以全面而深刻的视角，对工业社会的各个层面进行了详尽的剖析。全书共分为九个部分，每个部分针对一个核心议题进行了周密而系统的探讨。

第一部分，工业企业。该部分通过对企业性质的深入剖析，揭示了工业企业的本质属性和独特魅力。同时，德鲁克还对企业目标、组织结构等关键问题进行了细致入微的分析，使读者能够全面了解工业企业的运作机制和面临的挑战。

第二部分，经济冲突。该部分对典型的实践案例和相关的理论基础做了深入浅出的分析，揭示了工资冲突、对产量提高的抵制以及对盈利的敌视等核心问题。这一部分不仅展示了经济冲突的激烈程度，还深刻剖析了其产生的根源和影响因素。

第三部分，管理层与工会。该部分从管理层的合法性、工会组织的存在、工会需求与共同福利、领导者的困境以及企业员工分化的忠心等五个维度出发，对工业秩序进行了全面而细致的分析。德鲁克试图通过具体的实例让读者对工业秩序有更加清晰的认识，引发读者对于工业秩序未来发展方向的深入思考。

第四部分，工厂社区。该部分通过对工厂社区内部成员对于地位和职责的要求、管理者态度以及工作中的人等细微之处的观察和分析，揭示了工厂社区的独特性和复杂性。这一部分的内容有助于读者更好地了解工厂社区的生活状态，启发其对于工厂社区建设和发展的思考。

第五部分，管理职能问题。该部分从管理工作的三重性、管理者职责履行状况以及未来管理者的来源等多个方面对管理职能进行了全面的剖析，为管理者提供了宝贵的指导。

第六部分，消灭贫困。该部分指出劳动是资本性的资源，在发达工业国家中，经济政策的核心内容是要让工人知道其期望收入与就业水平。该部分着重讨论了在利润分配过程中确保工人利益的必要性，以及失业所带来的潜在威胁，这有助于读者更好地理解企业与员工之间的关系。

第七部分，联邦制管理组织。该部分提出了"组织学即研究人的学问"的观点，强调了分权制和联邦制在管理中的重要性，并探讨了竞争性市场对管理是否必要。该部分对这一问题的深入分析，能够帮助读者在各种市场环境中精准地把握竞争与合作的均衡点，进而提升组织的运营效能。

第八部分，工厂社区的自治性。该部分强调了社区治理与企业管理之间的关系，指出管理层必须真正承担起管理职责的重要性。该部分还探讨了工厂社区自治机构与工人之间的关系，以期激发读者对工厂社区自治性的现实思考。

第九部分，作为公民的工会。该部分关注理性工资政策的制定，探讨了工会在多大程度上能够控制民众的需求和期望，以及罢工何时会变得难以承受。其核心在于如何通过工会与政府、企业的合作，制定出既能满足工人需求，又能保持社会稳定和经济发展的工资政策。

总体来说，该书对工业社会的内在逻辑和发展趋势进行了深入剖析，为个人和组织适应变革提供了重要的指导。它作为一部历久弥新的著作，令人常读常新，即便在今天的中国，该书仍然有其当代性、现实性和启发性。

━━ 彼得·德鲁克语录^㊀ ━━

1. 现代企业需要一个管理团队，它的职责是对企业负责，而不是对任何团体——所有者、工人或消费者负责。
2. 生产率的提高是扩张的基础，同时也是企业生存的必然要求。
3. 工资率是发生实际冲突的一种常见标志，但是它本身并不是问

㊀ 本章语录中的内容引自机械工业出版社 2019 年版《新社会》。

题的关键。根本的问题在于企业和员工对待工资的不同态度，企业将其视为"成本"，而工人将其视为"收入"。

4. 政治与社会问题的根源不是存在于管理的结构中，而是由管理职能本身导致的。

5. 管理者就是管理者，他们必须要履行经济职能，承担经济责任。

6. 一个领域只有是纯粹社会性的，它才与经济业绩完全没有关系。

7. 管理者态度只能从管理经验中获得。教义、宣传、培训课程及书籍都不能产生管理者态度。

管理的实践

THE PRACTICE OF MANAGEMENT

导言

　　1954 年，德鲁克的《管理的实践》一书出版，这本著作被公认为一部管理学经典。德鲁克自 1943 年起对美国通用汽车公司进行了为期一年半的调研，在这段时间里，他深度探寻了该公司的内部组织结构，积累了丰富的管理经验，并以此作为基石形成了自己的理论，汇集成为《管理的实践》一书。

　　书中对如何建立并实践有效的企业管理原则和制度，以及如何履行责任进行了详细的叙述。作为第一部系统论述管理学所涉及的各个领域的著作，该书从实际出发，介绍了管理学的基本概念，阐明了管理学应用的背景与方法，构建了完整的管理学学科架构。

　　《管理的实践》在世界范围内获得了广泛的赞誉，书中提出的"目标管理"极具创新性，已成为具有划时代意义的概念。该书的出版标志着管理成为一门学科，也奠定了德鲁克的管理大师地位。

概述

　　《管理的实践》从管理企业、管理管理者、管理员工和工作三个主要部分出发，从多领域、多视角向读者讲述了管理学的思想内核，突出了目标管理的核心要义。德鲁克认为经济绩效在企业发展中占据主导地位，也是企业的本质。同时，让员工充分展现特长，建立和谐的团队合作关系，凝聚共同的目标和一致的努力方向是企业所需要的管理原则。管理层作为企业发展的重要操盘手，承担着做出创造性行为决策的重大责任，其每一项决策和每一次考虑都必须将经济绩效作为优先衡量标准。

所谓管理，绝不是被动适应市场需求，它还隐含了一种"企图塑造经济环境"的责任。在不断更新变化的经济环境中，管理者需要主动剖析问题，规划未来，不断铲除影响企业发展的多项限制，尽全力为企业争取更多竞争机会。面对重重阻碍，管理者需要有创新性思辨能力，让企业的构想先成为可能，然后再设法逐步具体实现，这是管理层的特殊任务。管理者需要有意识地分析市场动态，并根据自身条件提出独到的见解，进而改变经济环境，扭转趋势，这才算是真正的目标管理。而处于企业基层的员工，需要具有规划协调能力和极强的员工责任感，将企业的整体目标内化为个人的目标，激发个人动力，通过自我管理获取最佳绩效。

目标管理是该书提出的重要概念。它最主要的贡献在于，可以把强制式管理置换为自我控制的管理方式。身为管理者，理应对自己的职业表现和办事态度进行深度的自省与审视，并构建精准的自我评价机制，致力于确立无可挑剔的管理者目标与施行机制。企业目标影响着企业现阶段的工作积极性乃至未来的长远发展，因此每一个阶段都需要有目标的加持。企业绩效要求每一位管理者着手的工作都必须以实现企业整体目标为目标，以追求企业整体的成功为工作的重心。与此同时管理者也可以通过企业目标的完成度来评判自身的工作成果。德鲁克在该书中还提出了经典的八个企业应该设定绩效和成果目标的领域，包括市场地位、创新、生产力、实物和财力资源、盈利能力、管理者绩效和培养管理者、员工绩效和工作态度、社会责任。管理层通过细化这八个领域来平衡各种需求和目标的关系，将理论落实到实践当中，建立可靠的企业目标。

决策对于企业管理有重要的影响。因此在做决策时，管理者应该充分考虑企业需要达到的目标与最终绩效，并运用基本理论寻找使决策有效的做法，尽快让决策付诸实践。决策的有效性一定程度上也反映了管理的价值和意义。

企业在发展过程中还会遇到很多阻碍和风险。为使企业能够降低决策制定的风险，德鲁克提出需要用到三种制定决策的工具。第一种，假设经济情况总是不断起伏，这时不过多臆测目前处于经济周期的哪个阶段，而是"找出预期可能碰到的最坏可能或最可能碰到的严重挫败，并据以检验目前的经营决策"。这是评估企业必要的最低利润最重要的预测工具。第二种工具被称为基本要素分析法，即根据可能对未来经济产生重大影响的事件来制定决策，考虑过去已经发生且不具经济意义的事件，并试图找出影响经济环境的基本因素，如人口结构的变化。第三种，趋势分析，即找出关于企业发展的特有趋势，在制定长期决策时不太考虑短期的经济周期。通过运用这三种工具，企业在制定决策时可以不再单凭预感，而是理性地推测。且基本要素分析和趋势分析的共同使用会形成合力，帮助企业捕捉微小动态并进行自我审视。

企业除了加强自身管理外，还不能忽视企业的社会性和公共性，应尽力使企业的每一次行动都能够增加大众福利，产生有用的社会价值，增强社会的基本信念，为社会的安定和谐做出自己的贡献。这深刻考验着企业的专业能力与组织精神、社会责任感与服务意识。

管理者需要认清，在不同领域所投入的努力和产出必须达到应有的平衡，企业才能取得经营绩效。因此，既要让每个员工的专业才能都在企业内得到充分利用与发挥，也要防止过度强调某个重要领域，造成发展不均衡、组织涣散的情况。管理者在制定目标时，需要基于短期和长期两个视角，兼顾内部不同层次、不同专业领域的员工的成长动态，实现有形的经营目标与对管理者的组织和培养，以及员工态度、社会责任等无形目标的共同推进，协助员工不断进步，达成企业的协调均衡发展。

　　企业还须经常反思建立的管理结构是否科学。组织上的管理结构须始终以经济绩效为最终目标，与时俱进，利用活动分析、决策分析和关系分析等科学方法找到达到经营目标所需的结构。健全的组织结构或许不是灵丹妙药，但它是必要的基础。没有健全的组织结构，其他部门也无法协同发展、高效完成工作。德鲁克指出，建立高效的组织结构能够健全企业整体业态，强化企业的目标和信念，在一定程度上还可以提升员工的责任意识，达到更高水平的目标层次。

评论

　　经过半个世纪的磨砺与实践，事实证明《管理的实践》对今天的企业乃至社会仍具有极大的影响力，德鲁克用他的真知灼见为管理学赋予了"博雅技艺"的称号。

　　《管理的实践》一书以管理者为主体，运用整体思维，站在市场需求的角度来反思企业内部存在的问题，并提出科学的理论以解决难题。该书对如何管理企业进行了全面系统的讲解，因此无论何种规模的企业都能获得启发。德鲁克在书中的观念让许多年轻管理者学习到系统的知识、原则和科学的管理工具，帮助其发挥个人特长，达成团队合作，实现企业愿景。时至今日，中国很多大型企业依然遵循德鲁克的管理理论，将员工和管理者紧密联系在一起，为完成一个共同的目标而奋斗，使企业获得最大利润，实现共赢、和谐。

德鲁克在该书中还特别提出企业需要履行社会责任，为社会安定、和谐及进步做出自己的贡献。今天许多企业的行为都体现了这一点，它们在社会危难时刻慷慨解囊、倾情相助，履行着社会责任与义务，将权与责融合进企业精神中。德鲁克用深远的眼光和敏锐的洞察力告诉读者，管理企业不仅需要重视企业的组织成果，还需要重视国家与社会的发展，遵循历史发展规律，完成应有的使命。

阅读指南

《管理的实践》由概论、五个部分和结语组成，共 29 章，以"管理企业""管理管理者""管理员工和工作"三个主要部分作为贯穿整本书的主轴与核心，并以"经典三问"及"组织精神"丰富其理论内涵。

概论"管理的本质"概述了管理层的角色、职责和面临的挑战，从宏观角度强调实践有效的管理的重要性；第一部分"管理企业"通过阐述企业的目标、决策与生产的原则，引出我们的事业是什么、我们的事业将是什么、我们的事业应该是什么这经典三问；第二部分"管理管理者"通过引用福特汽车公司的管理案例，详细论述了目标管理与自我控制，同时强调了组织精神对企业的重要性；第三部分"管理的结构"聚焦于组织结构、检验标准和企业规模，总结不同组织结构的优势与劣势；第四部分"管理员工和工作"强调以经济绩效为核心的整体观，作者通过讲述 IBM 的故事，激励员工发挥最大潜力，创造最大实践价值，获得成就感和满足感，以此壮大企业实力；第五部分"当一名管理者意味着什么"讨论了管理者的工作以及如何做出最佳决策，对未来的管理者提出了要具有道德责任感和诚实正直品格的期望；结语"管理层的责任"提出了企业管理层应负的三重责任，以及企业经营管理的原则——设法让公众利益也成为企业的自身利益。

彼得·德鲁克语录[⊖]

1. 管理层是由个人所组成的，因此管理管理者的第一个要求是，必须将个别管理者的愿景导向企业的目标，而将他们的意志和努力贯注于实现目标上。

2. 企业需要哪些管理工作，以及工作内容为何，永远都应该取决于达到公司目标必须进行的活动和产生的贡献。

3. 组织结构必须尽可能包含最少的管理层级，设计最便捷的指挥链。每增加一个管理层级，组织成员就更难建立共同的方向感和增进彼此了解。

4. 组织工作时，应该设法让个人的能力和表现无论对自己还是整个团队都有所助益，同时提升个人和团队绩效。

5. 为了完成任务，管理者必须善于发挥资源优势，尤其是人力资源方面的长处，以中和其短处。

6. 设定目标、组织、激励和沟通、绩效评估和培养人才，都是正式的管理工作项目。只有靠管理者的经验才能具体实践这些工作内容，并且赋予意义。

7. 要学习目标管理，能够分析公司业务，学习设定目标和平衡目标，协调短期和长期的需求，除了需要管理经验，也需要相当的成熟度。如果没有管理经验，一个人或许能把这些事情说得头头是道，却不懂得实际上应该怎么做。

⊖ 本章语录中的内容引自机械工业出版社 2018 年版《管理的实践》。

已经发生的未来

LANDMARKS OF TOMORROW

导言

  《已经发生的未来》出版于 1957 年。随后的 1958 年，对互联网的发展来说至关重要。这一年，美国国防部高级研究计划署（ARPA）成立，由其信息处开发的 ARPA 网即今天互联网的前身。1995 年，德鲁克在该书的再版序言中提到，书中对各种转变的预言绝大部分都得到了证实：从 19 世纪的机械进步转向系统化、有目的、有组织的创新；知识成为新的主要资源；多元化社会的兴起；现代政府在有效行使职责方面将面临危机等。

  德鲁克写作该书的初衷是揭示知识社会的崛起，讨论技术变革的影响，强调人类价值与社会责任，倡导战略前瞻性思维。它强调"部分寓于整体之中"的观念。德鲁克认为，要想真正理解管理，做到有用和有效，应从整体出发。可以说，该书体现了德鲁克最初的社会生态学思想。新世界观（一种新的整体主义哲学）的基础源自 19 世纪末 20 世纪初的新科学理论，如量子理论和生命科学，社会学和心理学领域也出现了整体观念。这些新科学和新观念打破了牛顿和笛卡儿的机械世界观，德鲁克首次将这种新世界观引入商业和管理领域，是当时的创新之举。

  在《已经发生的未来》中，德鲁克预见了社会经济将从工业经济向以知识为基础的经济转型，知识将成为未来社会的关键资源。他强调，管理的核心将从对体力劳动的控制转向对知识工作的管理，管理者必须适应这一转变，通过创新和灵活的组织方式应对复杂且快速变化的环境。德鲁克还指出，技术发展不仅带来了机遇，也对组织运营与技术和人类的关系提出了新的挑战。面对技术的快速发展，组织的结构和运作方式将被彻底改变，管理者需要重新思考管理的本质和方法，才能在新环境中保持竞争力。在德鲁克看来，教育将在知识社会中扮演至关重要的角色。他批评传统教育体系过于注重记忆和重复，认为未来的教育应更多地培养批判性思维、创新能力和知识应用的能力。知识型社会的崛起要求教育更加灵活，以适应不断变化的社会和工作需求，并帮助个人成为终身学习者，从而应对知识经济的持续变革。他强调，科学进步必须与人文价值观相结合，确保技术发展造福于社会整体。这不仅是对技术发展速度的回应，更是对管理者如何在变革中承担伦理责任的警示。他希望通过该书为管理者提供应对新挑战的思路，引导他们在"后现代"背景下重新定义领导力和管理的角色。面对未来的不确定性，《已经发生的未来》依旧可以为人们提供最深层次的思考与动力

概述

《已经发生的未来》对未来的不确定性、管理者的责任、新型组织、领导力在组织中的重要性，以及知识型社会的崛起等进行了探讨。德鲁克指出，未来充满了不确定性，管理者需要具备预见未来的能力，以做出正确的决策和规划。他强调管理者的责任不仅是维持组织的日常运作，更重要的是为未来做好准备，引领组织应对变化和挑战。书中探讨了组织如何提高适应能力，灵活应对外部环境的变化，以保持竞争优势。德鲁克认

为领导力是组织成功的关键，领导者应拥有远见和决策能力，引领团队应对未来的挑战。他强调了创新和变革对组织发展的重要性，认为管理者应鼓励创新，推动组织不断进步。他还试图告诉读者，人类一直生活在变革中，一切都处在萌生和衰亡之间，这是生命最重要的特征。德鲁克将人置于组织中进行讨论，提出可以通过系统化活动对一般工作者进行有效组织，而不再依赖少数天才。此外，知识工作者和管理的重要性与创造性也在书中得到了强调。

该书不仅探讨了创新的重要性，还提出了创新的组织形式。德鲁克表示，在新型组织中，人们有能力通过可靠的判断将具备极高知识和技能水平的人员组织到一起，让他们为共同目标自愿工作，这种新型组织构成了当代系统创新的基石，而且组织知识和专业知识已成为实实在在的生产要素。德鲁克将组织能力与个人能力联系起来，指出新型组织能让个人在团队中更有效地工作。

德鲁克指出，学术、经济、政治和文化领域都面临新的需求。他从"后现代社会"的特点、思潮、新功能出发，讨论了新现实是什么，以及新现实要求人们做些什么。他探讨了教育革命、社会资本投资等议题，提出了"知识即权力，权力即责任"的设想，让人们回归精神价值。他全面系统地从企业、政治及社会之间和谐发展的视角梳理了企业应秉持的价值观、政府将面临的挑战，以及东西方文化的交融和新领域的出现，并提出了对美好未来的设想，为人们指明了前行的方向。

评论

德鲁克在《已经发生的未来》中首次提出了"知识社会"的概念，强调只有成为知识社会，社会才能实现进步、发展甚至生存。他指出教育是实现知识社会的关键，但也带来了体力劳动者的缺失和教育费用负担重等问题。德鲁克开启了对教育革命的探索，站在社会全局的角度为读者提供了认识社会发展的新思路。他认为基层工作具有管理性质，将知识型服务工作转变为管理性质的工作能提高生产力。这种前瞻性的视角让他能够感知时代变化、环境差异以及不同工作角色在社会中的位置与社会和谐发展的关系，这是该书值得被阅读的原因。

德鲁克通过探讨知识社会和教育的价值观，回答了新兴中产阶级的壮大如何影响了美国社会结构及社会生活等问题。他对于美国社会和政府面临的挑战的思考，对中国社会的发展也有很好的参考和借鉴作用。今天，教育所承载的社会角色依旧是不容忽视、举足轻重的。知识社会的重要性、资源的多变性等，都从不同维度强调了教育对社会发展的关键作用。德鲁克的观点具有前瞻性，能够深刻洞察时代变化和社会发展的趋势。通过对知识社会的崛起、教育革命以及教育对社会的影响等议题的探讨，他为读者提供了一种全新的思考方式，引领我们思考教育与个人成长、组织发展之间的关系。

阅读指南

《已经发生的未来》论述了人类生活与经历的三大主要领域的变迁。书中第一部分论述了"后现代"社会的新观念和人类的新能力，探讨了哲学领域的转变："从由机械因果主导的笛卡儿世界观，转向由模式、目的和过程主导的新世界观"。第二部分旨在说明"后现代"社会的新领域、新任务和新机遇，阐述了世界面临的四个现实性挑战：知识社会的兴起、经济发展成为人类新的共识和目标、国家及其政府的衰落，以及东西方文化的碰撞与交融。第三部分关注人类生活的新精神实质，指出了思考知识和权力的本质、功能，以及对其加以控制的必要性。

彼得·德鲁克语录 ⊖

1. 创新所具有的风险和责任，意味着我们要对创新活动本身进行大的创新。

2. 组织所激发出的能量和表现远超乎任何个人，无论其能力有多强、经验有多丰富。

3. 管理者既是经济发展也是社会发展的代表性力量。管理人才的匮乏往往是欠发达国家的一个重大不足，而发达国家通常都将管理人才作为其最看重的资产，因为管理者是新型组织能力的承载者。

4. 在现有社会秩序及革命者的权利空间之外，存在着新领域。世界对这些新领域既有构建需求，也可以提供构建空间。即便这空间只是铲平旧有建筑留出的空地。

5. 在知识社会，教育是一项资本投资。它同时决定其他多项资本投资的效率及生产率。

6. 在知识社会，教育必须注重品德培养，必须激发学生对品德的向往。

7. 个人需要向精神价值回归。

⊖ 本章语录中的内容引自机械工业出版社 2019 年版《已经发生的未来》。

为成果而管理

MANAGING FOR RESULTS

导言

20世纪60年代，正值第二次世界大战后社会发展加速的时期，大量企业涌现，学者们开始专注于研究组织生存与发展理论。在此背景下，德鲁克提出了目标管理理念，其著作《为成果而管理》开创性地对商业企业的经济绩效进行了深入研究。德鲁克在书中分析了企业在外部环境下的基本规律和常见特点，探讨了如何对这些"现实"进行有效的管理和决策。

《为成果而管理》强调了以结果为导向的管理哲学。德鲁克认为，企业的成功不在于其规模大小或资源丰富程度，而在于其能否有效地将资源转化为经济成果。他提出了"成果区"的概念，帮助管理者明确企业的潜在成果范围，并引导他们将注意力集中在最具战略价值的领域。通过深入分析企业的现实情况，德鲁克揭示了企业实现成果的关键要素，包括明确的目标设定、有效的战略执行以及及时的反馈调整。

在该书中，德鲁克不仅提供了实用的管理工具和框架，更重要的是，激发了人们对企业未来发展的深刻思考。他强调了创新和人才在成果管理中的重要性，并鼓励企业积极寻找新的机会、培养卓越人才。该书不仅是一本关于如何管理企业的书，更是一本关于如何塑造企业未来的书。通过深入阅读《为成果而管理》，人们可以更好地理解企业的本质和目的，掌握实现经济成果的关键要素，并为企业的发展注入新的活力和动力。在当今这个快速变化的商业环境中，德鲁克的这些洞见显得弥足珍贵，值得每一位追求卓越的管理者深入学习和实践。

概述

《为成果而管理》旨在指导企业在外部市场环境中定位自己、制定战略，并提高经济绩效。它为企业管理者提供了一个系统化的管理框架，强调了以结果为导向的管理哲学和实践方法。该书是德鲁克战略管理思想的精髓，迄今为止，大部分战略管理书阐述的问题几乎都源于该书。书中分析了"企业的现实"——外部环境的基本规律和常见特点，探讨企业在这些"现实"面前如何摆正自己的位置，从而将它们转化为创造出绩效和成果的机会。每一家企业都需要思考该书提出和回答的一系列问题：当下企业的现实是什么？企业的成果区在哪里？我们现在做得怎么样？我们企业经营的是什么，它应该经营什么？根据各章内容，该书分为"看懂企业""聚焦机会""为绩效而规划"三个部分。

第一，看懂企业。德鲁克强调了全面了解企业的重要性。他认为，管理者必须深入了解企业的各个方面，包括组织结构、资源分配、市场定位和内部流程等。这种深入的了解能够帮助管理者精准把握企业的优势和劣势，从而制定出有效的战略和决策。

第二，聚焦机会。德鲁克认为，企业管理不仅要解决问题，而且要积极寻找和利用各种市场机会，推动企业的持续发展和创新。这种机会导向的管理思维，要求管理者具备敏锐的市场洞察力，能够识别并抓住市场中的每个潜在机会，通过创新产品和服务、拓展新市场等方式，不断为企业创造新的增长点。

第三，为绩效而规划。在最后一部分，德鲁克强调了企业战略和经济绩效的重要性。他认为，企业战略是实现经济绩效的关键因素，而经济绩效则是衡量企业成功与否的重要标准。德鲁克指出，一个明确的战略可以帮助企业在竞争激烈的市场环境中找到自己的定位，明确发展方向，从而实现持续增长。同时，德鲁克认为，一个企业的成功不仅体现在它所占据的市场份额和所实现的利润增长上，更体现在它能实现可持续发展，为社会创造更大的价值。

评论

德鲁克在《为成果而管理》中提出了一个核心的洞察：为了适应不断演变的外部环境，组织必须进行持续的调整。在当今蓬勃发展的数字经济时代，这一核心洞察富有指导意义，为企业经营管理提供了宝贵的指引。

首先，书中强调了对外部环境变化的关注。随着数字经济的快速发展，市场竞争愈加激烈，行业格局不断重塑。企业需要及时洞察市场动态，把握技术趋势，以应对变化带来的挑战和机遇。例如，随着5G技术的逐渐普及，它将为各个领域，包括制造业、大健康产业、娱乐业等，带来更快的数据传输速度，降低延迟。这推动了远程工作、虚拟现实、增强现实以及物联网领域解决方案的发展。企业需要对这些技术进展保持敏感并积极布局，提高运营效率，创造新的收入来源。因此，企业需要不断调整战略，顺势而为，才能在激烈的竞争中脱颖而出。

其次，书中强调了创新和变革的重要性。数字经济时代，技术更迭日新月异，企业必须具备创新意识和变革能力才能立于不败之地。例如，许多传统行业都在探索人工智能、大数据分析等新技术的应用，以提高生产效率、优化管理决策。同时，新兴产业如共享经济、智能物联网等也在不断涌现，给企业带来了全新的商业机会。因此，企业需要不断创新，积极探索新的商业模式和产品服务，以保持竞争优势。

最后，书中强调了结果导向的管理理念。如今，数据成了企业决策的重要依据。企业需要建立有效的数据分析和绩效评估体系，以实现对业务的精准监控和及时调整。例如，通过使用 Hadoop 和 Spark 等大数据分析工具，企业可以聚合来自不同渠道的大量数据，应用机器学习算法对消费者购买模式、产品表现或服务利用情况进行分析。通过这些分析，企业能实时监控关键绩效指标（KPIs），预测市场动态，并据此调整其战略和运营方针，以优化营销活动和提高客户满意度，从而优化业务成果并增强竞争力。因此，结果导向的管理理念有助于企业实现有效的资源配置和持续的业务增长。

阅读指南

阅读德鲁克的《为成果而管理》是一次深入探索管理本质和商业战略的旅程。

首先，在开始阅读之前，建议读者对管理学的基本框架有所了解。由于《为成果而管理》聚焦于企业的经济绩效及其对外部机会的把握，因此，预先回顾或深化对管理学基本概念的认知，如目标设定、决策机制、领导力塑造和组织行为等，对理解该书思想会非常有帮助。

其次，德鲁克着重强调了企业必须敏锐地把握外部环境中的机会和挑战。《为成果而管理》的核心内容之一在于分析企业外部环境并据此制定战略。读者在阅读时应特别关注如何精准搜集和分析市场趋势、顾客需求、竞争对手动态等方面的信息，并学习如何将这些市场洞察与企业内部的资源和能力有效结合，以实现最佳业绩。

最后，为了增强学习的效果和应用能力，在阅读过程中，不妨将德鲁克的理念与现代企业的实际案例相结合。思考那些成功的商业实践是如何运用《为成果而管理》中的智慧，同时分析那些失败的实践又是如何忽视或偏离了书中的原则的。此外，反思自己在学习或工作中遇到的实际问题，尝试从德鲁克的视角出发，寻找解决方案。这种主动、批判性的学习态度不仅能够加深对书中观点的理解，而且能够提高解决实际问题的能力。

• 彼得·德鲁克语录[⊖] •

1. 成果和资源二者都不在企业内部，而是在企业外部。企业内部没有利润核心，只有成本核心。

2. 获取经济成果靠的是不断发掘机会，而不是一直解决问题。

3. 为了创造成果，资源必须分配给机会，而非问题。

4. 生意要想成功，企业的知识首先必须能满足顾客的需求并为他们带来价值。

5. 打造未来的工作并不是决定明天该做什么，而是决定今天该做什么才能拥有明天。

6. （战略决策）将极大地决定它所选择的做事方式能否很好地契合它的目标和雄心壮志。

7. 所有与新的风险项目、资本投资，或者新产品或服务有关的提案，都应该以公司绩效规划为指导。

⊖ 本章语录中的内容引自机械工业出版社 2024 年版《为成果而管理》。

卓有成效的管理者

THE EFFECTIVE EXECUTIVE

导言

　　《卓有成效的管理者》是德鲁克最为经典的代表作之一，首次出版于1966年，虽然50多年过去了，但在今天来看，里面的很多观点依然历久弥新，清晰隽永。因此，该书至今仍然被广泛应用和推崇。

　　该书的写作源于德鲁克观察到的两个重要的社会现象。其一，社会成为组织型社会。现代社会是一个由众多有组织的大型机构组成的社会，各种活动和任务主要依托组织来完成，个体需要进入组织去工作，"在组织当中并通过组织"做出贡献，即个体需要通过组织来实现个人成就和体现个人价值，并同时为组织做出贡献。其二，知识工作者的兴起。知识经济的核心在于智力劳动取代了体力劳动，成为主导的工作形态。随着知识工作者在现代组织中的比重不断上升，个体角色由单纯执行者转变为知识整合者，其产出不再是本身具有效用的产品，而是通过智慧与知识的融合，将分散的知识"片段"转化为有价值的最终"产品"。而且知识工作者的成果通常要与其他人的成果结合起来才能够产生效益，因而管理者的作用日益凸现。此外，由于知识工作者难以监督，因而组织效率将取决于组织成员能否对自身进行有效的管理。有效性为零，绩效就为零，因此管理者需要了解如何提高工作效率和管理效果。

在此背景下，德鲁克认为，有效管理者正在快速成为社会的一种关键资源，而具备有效性正在快速成为对个人取得成绩和成就的头等要求。基于此，他告诫人们：有效是管理者应尽的职责，有效是可以学会的，且必须学会。

该书系统地阐述了如何让知识工作者成为有效管理者，并指出了有效管理者应该具备的核心素质、管理技能和习惯，为管理者提供了实用的管理技巧和方法，以帮助管理者在实际工作中取得更好的成果。成为有效管理者，对于提高工作效率、提升管理者的管理水平和领导能力、推动组织的发展以及实现个人和组织的发展目标都具有深远的意义和重要的价值。

概述

管理类书籍大多谈的都是管理别人，而《卓有成效的管理者》的核心在于如何管理自己以求有效。因为德鲁克认为，一个人能否真正管理他人还有待进一步证明，但管理自己始终是可以的。基于此，该书从个体有效性、自我管理和自我发展的视角出发，详细阐述了如何让一名知识工作者成为一名有效管理者。

首先，德鲁克重新界定了管理者的概念，认为每个愿意为组织做出贡献的人都是管理者，即使他没有所谓的职权。同时，所有负责行动和决策而又有助于提高组织工作效能的人，都要像管理者一样工作和思考。

其次，德鲁克强调了有效管理者并非天生的，而是要通过不断的学习和实践才能将有效性内化为习惯。他坚信，有效管理是一门可习得的艺术。要成为有效管理者，关键在于培养以下五种思维习惯。

（1）清楚自己的时间花在哪里。有效管理者能够系统地管理自己以及为数不多的自主可控的时间，他们并不是一开始就工作，而是往往从时间安排上着手。首先，记录自己的时间。他们不是以计划为起点，而是以"清楚自己的时间花在哪里"为起点。其次，管理自己的时间，减少非生产性时间占比。最后，将零星的"可自由运用的时间"集中为大块连续的时段，用于做重要的事情。

（2）关注对外的贡献。重视贡献是有效性的关键，有效管理者并非为工作而工作，而是为成果而工作。有效性表现在如下三个方面：自己的工作产生的直接成果，包括工作内容、工作水准及其影响；自己与他人的建设性关系，包括与上司、同事、下属的关系等；各项管理手段的有效运用，如召开会议、做报告等。

（3）有长处以立身处世。组织的根本宗旨在于发挥人才优势，人无完人，但有效管理者却能通过发挥各人的长处来实现效益。首先，他能够用人所长，特别是下属、同事的特长。其次，他能够管理好自己的上司。在管理者队伍中，知识专家的比重越来越高，他们往往没有行政下属，因此向上管理和向上关系就显得十分关键，让上司能够发挥特长、帮助上司成功成为自身工作的重中之重。最后，他能够发挥自己的特长，尤其着眼于将特长与机会相匹配。

（4）聚焦在少数几个重要领域。有效管理者会找出有限的几个重要领域。卓有成效的秘诀是集中精力，要事优先，一次只做一件事情。管理者事情多、时间少，要事第一是必然要求。管理者越想做大贡献，越需要整块时间；越想发挥长处，越需要在机会上集中精力。这是取得成果的唯一办法。

（5）做出有效的决策。有效管理者要在繁杂多样的任务中做出对组织、绩效和成果有重大影响的决策。有效管理者把做决策当成一个系统的、要素清晰的、步骤有条不紊的过程。有效管理者只做重大决策，他们在决策时游刃有余，其决策的时间往往是宽松而非匆忙的。他们知道一项决策究竟涵盖什么，符合哪种基本的事实。他们注重决策结果而非决策技巧。他们高度重视决策执行，认为最费时的不是决策本身，而是决策的执行，执行要力求简单。

评论

《卓有成效的管理者》之所以成为经典，是因为其中的理念和方法超越了时间的限制，至今仍具有现实意义。尤其在当今数智化和全球化的背景下，书中的自我管理、时间管理、向上管理和因人设岗思想的重要性愈加凸显。

1. 自我管理

自我管理既关乎个人成就和福祉，也是组织和社会健康运行的基石。进入数智化时代，个人拥有更高的自主性，自我管理的重要性日益凸显。

德鲁克认为，如果管理者没有学会管理自己，也就别指望能管理同事和下属。那么，想要进行自我管理，则须做到：自我认知，对自己有清晰的认识，包括自己的优点、缺点、价值观和能力；自我约束，能够控制自己的情绪、行为和决策；自我学习，持续学习和自我提升，不断掌握新知识、新技能和新思维方式，以适应不断变化的环境和挑战；自我激励，具有内在动力和激励力量，能够激发自己和团队的工作热情和积极性。

德鲁克的自我管理思想，对于当今复杂而竞争激烈的管理环境具有重要的指导意义，可以帮助管理者有效面对挑战，提高工作效率，促进个人与组织目标的实现，从而达成卓越成就。

2. 时间管理

现实生活中，经常会看到这种情况："如果还有 10 天才考试，那么就等到最后一天熬夜背书；如果后天才去汇报工作，那么一定是明天晚上熬夜做 PPT……"。这就是所谓的拖延或 "deadline"（截止时间）之前的突击行为，其实这也是一种典型的时间管理现象。虽然拖延或 "deadline" 之前的突击行为没有影响工作和任务的完成数量，但完成质量难以保证。因为研究发现，时间压力具有双刃剑效应。鉴于此，我们应该摆脱拖延或 "deadline" 之前的突击行为，做好时间管理。

时间是一种特殊的资源，无可替代，一去不返。我们应该做时间的朋友和主人，这样才能发挥时间资源的最大功效。然而，在信息时代，面对大量的信息和工作任务，管理者容易陷入碎片化的工作而难以集中精力，并面临着远程办公等灵活工作方式带来的时间管理上的挑战，对于这些困扰和挑战，管理者需要学习德鲁克建议的时间管理方法：首先记录时间的真实使用情况，接着系统地管理时间，精简浪费时间的活动，最后集中统一安排自己 "可自由运用的时间"，用于完成真正可以做出贡献的重要任务。

3. 向上管理

2022 年 7 月，一份由 "00 后" 实习生制作的 "老板管理手册" 因获得老板的赞美而 "火出圈"，原因是这位实习生通过向上管理，提出了对于促进工作中的沟通、优化工作流程以及提升效率的建议，引发了人们对向上管理的关注。

德鲁克认为，有效管理者通过向上管理，不仅能够充分发挥上司的长处，以实现组织目标和做出贡献，而且能够确保下属的努力和成果得到上司的认可和有效利用，进而促进下属实现其个人职业发展和梦想。可以看出，有效管理者和其上司的利益及目标在本质上是一致的，因此，他们可以彼此成就，"双向奔赴"。在具体的管理实践中，员工要想做好向上管理，就需要主动了解上司的目标、需求和工作风格，并相应地调整自身的工作重点和行动方向。

4. 因人设岗

近年来，为构建更加灵活开放的引才育才机制，集聚更多高层次紧缺人才，很多企业、高校和政府机构纷纷推出了"一事一议""一人一策"政策（即个性化契约或个别协议）。个性化契约或个别协议，是指个别雇员和雇主之间就双方都受益的条款进行协商谈判达成自愿的、个性化的和非标准性质的工作安排，是一种非标准化的人力资源管理政策，目的是吸引、激励和留住人才。这种政策中所涉及的措施，如考虑特殊紧缺人才的能力和个性化需求，专门设置工作岗位和提供发展平台等，在一定程度上就属于因人设岗的情况。

虽然德鲁克先生提倡因事用人，但在特定情况下，个性化的工作安排也能激发人才的潜力。这种特例只适用于那些已被证明能力确实出众、可以出色完成非常任务的人，其实这就是管理中所谓的例外原则的体现。

阅读指南

《卓有成效的管理者》是一本关于自我管理和自我发展的书，目的是告诉读者如何成为一个有效管理者。全书包括引言和 8 章内容。引言部分讲述了有效管理者所遵循的 8 个惯常做法，如会问"什么事是必须做的?"、制订行动计划等。第 1 章阐述了组织为何需要有效管理者、谁是管理者以及管理者必须面对的 4 个现实情况，强调了有效是一种习惯，并且是谁都可以学会的，以此为管理者带来希望。第 2 ～ 7 章分别聚焦于时间管理、自身的贡献、让长处富有成效、设定优先事项、决策的要素以及有效的决策，告诉读者要想成为有效管理者，必须关注以上 6 个领域。第 8 章结语部分，在回顾各章观点和主旨的基础上，点出了该书的两个核心思想：有效是管理者应尽的职责，以及有效是可以学会的，且必须学会。

德鲁克认为，管理是一种实践，其本质不在于知，而在于行。因此建议读者在阅读时与《卓有成效管理者的实践》对照阅读，做好配套练习，这样可以加深记忆，强化思考，收到更好的阅读效果；在阅读后，认真思考如何学会有效管理者的惯常做法，并在实际工作和生活中不断地练习，直至形成习惯，以提升自己的管理能力和工作效率。

● 彼得·德鲁克语录^㊀ ●

1. 有效是管理者应尽的职责。

2. 有效是一种修炼。

3. 有效管理者不是从工作任务入手，而是从时间入手。

4. 有效管理者专注于贡献。

5. 追求贡献就是负责任地追求有效性。

6. 有效管理者会让长处富有成效。

7. 让长处富有成效是组织的独特目的。

8. 有效管理者总是先做重要的事，而且每次只做一件。

9. 有效管理者需要做出有效的决策。

10. 善于决策的管理者知道，决策不是从事实开始的，而是从观点开始的。

㊀ 本章语录中的内容引自机械工业出版社 2022 年版《卓有成效的管理者：55 周年新译本》。

不连续的时代

THE AGE OF DISCONTINUITY

导言

德鲁克根据自己对社会生活和经济现象的深刻观察，发现在表层之下，潜藏着社会和文化领域中的重大变化，他称之为"不连续性"。他认为相对于那些明显可见趋势的巨大冲击，这些不连续性反而更有可能塑造未来。50多年前，德鲁克在《不连续的时代》中展望了人类从工业社会迈向知识社会的图景，书中的许多论述有着超越时空的强大穿透力。尽管其中的诸多观点不能被当时的企业界和学术界理解，但书中关于知识社会的种种预言后来几乎都被一一证实，这充分证明了德鲁克的远见卓识。

在科技浪潮的推动下，人工智能、大数据、区块链等新兴技术的涌现，正以前所未有的速度重塑着我们的生活方式、工作模式和商业格局。全球化进程的复杂性，则进一步加剧了市场竞争的激烈程度和不确定性，同时也带来了文化、价值观的碰撞与融合。德鲁克的《不连续的时代》深刻洞察到，面对社会经济的变革，企业和个人唯有保持高度的警觉性，培养敏锐的洞察力，才能在瞬息万变的市场中捕捉到稍纵即逝的机遇。因此，该书不仅是对历史变迁的一次深刻反思，更是透过当下理解未来社会发展的前瞻性指引。它激励我们拥抱变化，勇于探索未知，以智慧和勇气在不确定的时代开创属于自己的辉煌篇章。

概述

《不连续的时代》完整体现了德鲁克深刻的观察、记录与分析方式。该书主要探讨了 20 世纪 60 年代末的美国社会各领域所出现的变化及面临的种种挑战，以及如何应对这些变化并取得成功，强调了在当代社会中，持续的变化已经成为常态，而非例外。德鲁克指出了当今社会的不连续性特点，即事物发展和变革的速度之快、程度之深，超出了人们的想象。技术政策和经济政策、产业结构和经济理论、社会治理和管理所需知识等方面都将发生重大改变。德鲁克指出，传统的线性进步观念已不再适用于当代社会，取而代之的是不断变化和不确定性，这需要新的思维方式和应对策略。

德鲁克在书中论述了四个领域的不连续性：新技术以及基于新技术的新兴产业迅速兴起，世界经济兴起，新的机构多元化的兴起，知识和知识人的兴起。该书的核心不在于预测趋势，而是讨论不连续性；并非预测明日，而是观察今天；问题不是"未来会如何？"，而是"为了开创未来，我们今天要解决什么问题？"。四个领域的不连续性的具体内容如下。

（1）新技术以及基于新技术的新兴产业迅速兴起。"现代"产业日渐式微，新兴产业及其动力开始涌现，这一发展态势要求新的知识基础、新企业家和新经济政策的支持。从成熟的农业、钢铁业和汽车业等"现代"产业，到信息业、海洋业、材料业和特大都市四个新兴产业，这一发展进程反映了一个新的经济事实：知识已成为核心经济资源，系统地汲取知识也就是有组织的正规教育，已取代通过传统学徒制获得的经验，成为生产能力及绩效的基础。在这一时代背景下，人们最需要的是创业精神，即创造新而不同的事物的能力。人们需要关注技术动态、市场动态，并学会建立和管理一个创新型组织。我们正处于一个创新和技术变革的时代，这个时代对政府政策提出了很高的要求。在新兴产业成为新动力的快速变革期，政府政策首先不能阻止或抑制劳动力和资本等生产资源的流动，在这一过程中，要避免错误的税收激励举措，并聚焦于世界经济。

（2）世界经济兴起。德鲁克认为，一个经济体首先是由需求定义的。在20世纪60年代末，整个世界在预期、反应和行为上已成为一个经济体，有一份共同的需求表、一套共同的经济价值标准和偏好。经济发展格局已由国际经济转变为世界经济，世界经济既提供了和平与增长的大好机遇，同时也孕育了世界革命的新威胁——贫富差距比以往任何时候都要大，且越来越多地发生在同一个信息社区内。"世界已被划分为两部分：一部分是知道如何创造财富的国家，另一部分是不知道如何创造财富的国家。"在富裕国家，技术在解决贫富差距方面表现突出，用的方法不是让富人变穷，而是让穷人变富。与此同时，为了使经济体健康成长，我们必须从经济理论的基本假设、经济理论的范围以及经济理论的关注点等方面发展与时俱进的经济学。

（3）新的机构多元化的兴起。组织型社会的出现是20世纪极为重要的现象，德鲁克将这个机构多样、权力分散的社会的出现称为新多元主义。他强调了组织间的相互依赖，组织型社会发展的理论需要，以及个体在组织中的角色和要求。"现代社会的多元结构大体上独立于政治体制和政治控制，无法用现有的社会理论或者经济理论解释。"因此必须建立一个自己的政治和社会理论。德鲁克表示，一切机构都是"组织"，因此具有共同的管理维度。这些组织都是复杂而多方面的，至少需要从三个层面对其进行思考和理解，即功能或操作层面、道德层面和政治层面。此外还要关注组织的有效运转、组织和生活的质量、组织的正当性等。要明确政府存在的弊端、政府不能做的事有哪些、政府是什么样子的，以及个体在组织中的生存情况。要知道个体在组织中的决策重担、个人自由如何得到保障，以及如何抓住组织为个人提供的机会。

（4）知识和知识人的兴起。在发达经济体中，知识已经成为"核心生产要素"，也是决定一个国家全球经济竞争力的关键因素。因为人类的工作年限大幅增加，正是劳动力供给而非劳动力需求，带来了经济社会的重大转变，这也可以解释因知识工作出现而引发的许多社会经济问题。相应地，学校及其结构、角色、目标，尤其是所教内容越来越成为人们所关注的对象。总体而言，知识成为社会的中心，也成为经济社会实践的基础，这极大地改变了知识的地位、意义与结构。在该书讨论的所有不连续性中，这是最明显也是最重要的一类。目前可以确定的是，应用已成为知识本身、知识工作以及有组织地追求知识的核心。

评论

《不连续的时代》是一部深刻探讨社会变迁和管理哲学的重要著作。随着科技的迅猛发展、全球化的曲折推进等重大事件的发生，我们正身临其境地感受着不连续的时代所带来的深刻变革。在这样的时代背景下，德鲁克的社会生态学思想具有重要的理论与实践意义。

管理革命已经成为日益迫切的需求。传统的管理模式和理念已经无法适应当今飞速变化的社会环境，越来越多的组织开始意识到必须进行管理上的重大转型。德鲁克所强调的灵活性、适应性和创新性成了当今管理实践中的热门话题。组织需要不断调整自己的组织结构、制度和流程，以适应不断变化的市场需求和竞争态势。创新和创造力对于组织的重要性愈加凸显。在不连续的时代，唯有通过持续的创新才能在激烈的竞争中立于不败之地。德鲁克的理论指引着组织放眼未来，不断探索新的商业模式、产品和服务，从而在竞争中脱颖而出。

阅读指南

《不连续的时代》从"知识技术""从国际经济到世界经济""组织型社会""知识社会"四大部分层层递进展开。前4章为第一部分，讲述了与新兴产业、新创业者和新经济政策相关的内容。20世纪60年代末是一个变革的时代，在此前的半个世纪里，经济领域表现出令人惊奇的、前所未有的连续性。然而，这种连续性在德鲁克写作该书的20世纪60年代岌岌可危。第5～7章为第二部分，介绍了从国际经济到世界经济的转变。在电影、收音机等新媒介的影响下，世界各地出现了共同的经济行为，这是人类历史上前所未有的事。第8～11章为第三部分，阐述了组织与组织之间的关系不再是简单的独立或者依赖关系，彼此之间的关系应该是共生关系。第12～17章为第四部分，讲述了知识社会的兴起。知识经济的到来，明确了知识生产力成为衡量国家竞争实力和经济成就的关键要素，这引发了对学校教育的新思考，也对知识工作者提出了新要求。

读者可以在总览章节结构的基础上形成对该书的整体认知，循序渐进地进行阅读。首先，非常推荐从序言开始阅读，建立起对"不连续性"的整体认知，这是学习该书思想的基础。其次，通过对第一部分的阅读，了解技术发展对时代"连续性"的影响；通过对第二部分的阅读，在世界经济发展出现巨大变化的基础上塑造自身的宏观视野；通过对第三部分的阅读，将目光从世界经济发展聚焦至我们身处的组织型社会，明确不连续的时代中的社会发展趋势；最后，要从前三部分的阅读积累中，认识到知识在应对时代变化中的重要性——知识已成为新的资本和核心经济资源，拥有知识的机构管理者已成为新的掌权者和领导者。

彼得·德鲁克语录[⊖]

1. 我们能预测的是把昨日的趋势延续到明日的连续性。已经发生的事情是我们唯一可以"预测"的事情，也是唯一可以量化的事情。

2. 最精确的定量预测永远无法预测到真正的要事：事实与数字在未来不同背景下的意义。

3. 正确的数字或许尚可预测。但在今天，仅仅过去了 10 年，我们的经验在意义、性质和感知上都已经发生了变化。

4. 如今我们面对的是一个世界经济和技术领域不连续的时代。

5. 青春期不是一个自然的"阶段"，而是一种人为的文化状态。

6. 本书不会问"未来会如何？"，反而会问："为了开创未来，我们今天得解决什么问题？"

⊖ 本章语录中的内容引自机械工业出版社 2024 年版《不连续的时代》。

技术与管理

TECHNOLOGY, MANAGEMENT AND SOCIETY

导言

　　《技术与管理》出版于 1970 年，收录了德鲁克自 1957 年来所写的 12 篇文章，其写作背景主要源于 20 世纪中叶的技术革新和社会变革。第二次世界大战结束后，美国经历了前所未有的技术和经济飞速发展的时期。这种发展不仅体现在工业生产力的极大提升上，还体现在信息技术、生物技术、新材料等领域的革命性突破上。工业化和信息化进程的加速，导致社会组织形式和管理理念发生了深刻变化。美国经济结构也经历了从工业经济向知识经济的转变。服务业、高新技术产业逐渐成为经济发展的主导力量。企业和组织面临着前所未有的挑战和机遇。

　　"技术不仅涉及工具，而且关乎人类的工作方式。"随着技术变革和经济结构的调整，管理者的角色也在发生变化。德鲁克认为管理者需要更加关注创新和变革，以应对不断变化的市场环境。他深入分析了技术变革对组织结构、管理方式和员工角色的影响，并提出了许多前瞻性的管理理论和方法。他认为，管理者需要具备跨学科的能力，认识到信息技术的重要性，关注员工的成长和发展，建立有效的沟通机制，提高组织的创新能力和适应能力。

因此，德鲁克在创作《技术与管理》时，旨在帮助管理者更好地理解和应对技术变革和社会变革，提供实用的管理理论和方法，推动企业等组织的持续发展。该书不仅反映了当时的社会背景和管理实践，也为后来的管理理论与实践提供了重要的参考和启示。

概述

在《技术与管理》中，德鲁克探讨了技术及其历史、管理和管理者，以及如何利用技术使管理者自己及其组织变得卓有成效等话题。他还回顾了技术的过去与未来，管理者的新角色，信息、沟通与理解，工作与工具，经验的过时、知识的效用，以及超越量化范围等问题。

该书着眼于多个角度，详细论述了技术、管理与社会的紧密关系。针对信息、沟通与理解，德鲁克强调了它们在管理中的重要性。他指出有效的沟通是管理的基础，而信息的获取和处理则是管理决策的关键，理解员工、客户和市场的需求对于管理者的成功至关重要。在探究技术与管理的关系时，他深入探讨了技术如何影响管理实践以及管理者如何适应和利用技术变革，强调了技术不仅改变了生产方式和提升了工作效率，还深刻影响了管理的理念和方法。

对于管理者的角色与职责，德鲁克也提出了新的看法。他认为随着科技的进步和社会的发展，管理者的角色和职责发生了根本性的变化。他们不再仅仅执行命令和监督工人，而需要成为创新和变革的推动者，具备战略眼光和创新思维，以应对日益复杂多变的商业环境。通过分析科技进步对企业组织结构和管理方法的影响，他认为随着技术的发展，企业需要不断调整和优化组织结构，以适应市场变化和客户需求。同时，管理者也需要不断更新管理方法和手段，提高管理的效率和质量。书中还强调了系统方法的重要性。德鲁克认为，管理者需要运用系统思维来分析和解决问题，将各个部分有机地结合起来，形成一个整体。通过系统方法，管理者可以更好地理解企业的运营和发展规律，制定更为科学和有效的管理策略。

通过该书，德鲁克传递出他对未来的一种既深刻又独到的看法。他认为，未来是充满不确定性的，没有人能够准确预测未来会发生什么。因此，他强调，我们不能仅仅根据对未来的预测来制定战略和决策，而是应该立足于现在，通过不断学习和适应来应对未来的挑战。不过，未来的不可预知性并不意味着我们无法为未来做好准备。相反，德鲁克提倡一种基于战略导向和长远规划的管理方式。他强调，企业应该关注未来的趋势和变化，制定适应未来需求的战略，并为实现这些战略做好必要的投入和准备。

此外，德鲁克也指出，未来的成功不仅取决于企业的规模或短期的业绩，更取决于企业的持续创新和对顾客需求的深刻理解。他相信，那些能够不断适应变化、不断创新并始终关注顾客需求的企业，将更有可能在未来取得成功。

评论

在《技术与管理》一书中，德鲁克以其深邃的洞察力和前瞻性的思考，揭示了技术、管理与社会三者之间复杂而微妙的互动关系。该书不仅是对管理学的一次深刻思考，更是对社会发展趋势的一次精准预测。

该书的核心议题围绕着技术、管理和社会三个关键词展开。德鲁克通过对这三个方面的深入探讨，呈现出一个完整而复杂的世界图景。他深入剖析了技术变革对社会结构、文化观念以及生活方式的深远影响，同时强调了管理在应对变革过程中的关键作用。这种跨学科的视角使得该书具有很高的学术价值和现实意义。

书中收录的 12 篇文章虽然发表时间跨度较大，但其所阐述的理念和观点至今仍然具有高度的现实意义。德鲁克在书中对管理的角色和定位进行了深入的探讨。他认为，管理不仅仅是组织内部的一种职能，更是一种对社会资源进行整合和优化配置的重要手段。在技术快速发展的时代背景下，管理者需要具备高度的敏感性和前瞻性，能够及时发现并把握技术变革带来的机遇和挑战。同时，他们还需要具备创新精神和战略眼光，能够为企业制定合适的战略规划和决策方案。德鲁克对于管理者角色的重新定义，对于信息、沟通和理解的重视，对于结构变化和方法变化的敏锐洞察，都为后来的管理实践提供了宝贵的指导。

书中还强调了系统方法的重要性。德鲁克认为，企业在追求经济效益的同时，必须关注社会和环境的影响，承担起应有的社会责任。只有这样，企业才能在长期的发展中保持竞争力，实现可持续发展。

随着科技的发展，尤其是信息技术的飞速进步，政治与技术的关系日益紧密。社交媒体、大数据和人工智能等新媒介和新技术手段正在深刻改变政治生态。这些媒介和技术使信息传播得更加迅速而广泛，还使政治动员、决策和执行都变得更加高效和复杂。德鲁克关于技术与政治交织的见解，为我们理解当前社会的政治现象提供了重要的启示。因此，这不仅是一本关于技术、管理和社会的书，更是一本关于未来和变革的书。无论是对管理学研究者还是实际管理者来说，该书都是一本不可多得的经典之作。

然而，正如任何一部伟大的作品都有其局限性一样，该书在某些方面也可能存在不足。例如，对于某些具体的技术或管理实践，德鲁克并未给出详细的解决方案或建议。但这并不影响它作为一部思想性极强的著作的价值。相反，它正是通过引发读者的思考和探索，来激发我们去寻找适合自己的管理之道和社会发展之路。

阅读指南

《技术与管理》收录了 12 篇文章，这些文章按照不同的主题和观点进行了有序的排列。该书的章节安排体现了德鲁克对技术、管理与社会之间关系的全面而深入的探讨。从对技术及其历史的探讨，到管理的新角色，再到如何利用技术使自己和组织变得卓有成效，章节之间的逻辑关系清晰，层层递进。

前 5 篇文章讨论了技术、技术史、技术对人类和文化的影响，结合人类社会发展历程给出了对技术发展的新见解。在与管理相关的几篇文章中，《管理者的过往与未来》将管理者视为当今社会的领导群体，《企业目标与生存需求》把管理视为一项关键的社会职能。德鲁克强调，管理不再是简单的监督和指挥，而需要更多的创新和变革。他还在《长期计划》《管理者与计算机》《管理能成为科学吗》3 篇文章中讨论了管理的基本方法和技术问题，聚焦于组织内部管理，强调了管理的宗旨不是提升效率，而是推动人类、经济和社会的运转，使其更有成效。

在收录的这些文章中，德鲁克采用了多种写作手法和多样的写作角度来吸引读者的注意力并传达他的思想。对于不熟悉管理学的学生以及一般读者，书中丰富的案例、故事和比喻使复杂的概念和理论更加生动易懂。同时，书中清晰的结构和逻辑，使读者能够轻松地跟随他的思路。对于管理者，书中总结了有益的思维和方法，例如在第 4 篇文章《20 世纪的技术发展趋势》中，提到了爱迪生创立的现代技术研究的系统方法。读者可以尝试将这种系统方法应用到工作或项目中，以取得成效。对于科技研发人员，在第 3 篇文章《工作与工具》中，德鲁克提出科技管理将不再是独立的研发活动，而是管理的核心任务。读者可以思考在组织或团队中如何更好地整合科技和管理资源，以提高整体绩效。不论是技术、管理还是社会，德鲁克都对其发展和彼此之间的关联进行了历史性的解读，并对未来发展进行了思考和展望。除此之外，读者还可以结合《管理的实践》《卓有成效的管理者》等书，进一步强化对于技术、实践和管理者角色等议题的思考。

• 彼得·德鲁克语录⊖ •

1. 观念和工具的改变意味着管理者工作内容和工作方式的改变；基本角色的改变则意味着我们需要重新界定管理是什么。

2. 沟通与信息完全不同，但信息是有效沟通的前提。

3. 技术必须被视为一个系统，即一个相互关联、相互沟通的部分和活动的集合。

4. 任何想要保持领先地位的企业将不得不把年轻员工安排到重要岗位上，而且要快。

5. 唯一能激励知识工作者的因素是成就。

6. 除非知识得到利用和扩展，否则就会消亡。技能一旦被搁置，就会变得生疏，但它能够快速被恢复和完善。

7. 正因为我们无法预测，才有必要制订长期计划。

8. 今天，技术之所以重要，恰恰是因为它将行动领域和认知领域、人类的知识史和自然史结合在一起。

⊖ 本章语录中的内容引自机械工业出版社 2020 年版《技术与管理》。

9. 为了最好地为企业的生存和成长创造条件，需要采取一种理性、系统的方法来选择和权衡各种目标。

10. 重大技术变革创造了对社会和政治创新的需求。

11. 技术研究不仅拥有不同于发明的方法论，还孕育了一种不同的途径——创新，也就是运用技术手段有目的、审慎地明显改变人类的生活方式及其所处的经济、社会、社区环境。

导言

《人与商业》出版于 1971 年，其写作背景根植于 20 世纪中叶的社会政治变革与科技发展。在这一时期，全球范围内的政治局势动荡不安，冷战加剧，科技革命正在悄然改变人们的生活方式和商业模式。随着国际贸易和投资的增加，美国企业面临着更加激烈的全球竞争。而全球化趋势要求企业具备国际视野和更强的跨文化管理能力。在这样的历史背景下，德鲁克的管理思想经历了从强调组织效率到关注人性、从关注企业内部到关注企业与外部环境的互动等转变。他敏锐地观察到了人与政治、思想与技术之间的紧密联系，认为这些因素共同塑造了一个时代的面貌。他希望通过该书，深入探讨这些因素间的复杂关系，为读者提供一个理解历史、现在和未来的新视角。

该书收录了德鲁克关于管理、经济、政治理论、历史的文章，所讨论的话题包括"尽快把握根本性的经济和社会变革、思想（经济的、社会的）与行为之间的关系、特定传统（美国的或日本的）背景下能否继续行之有效的事物、在工业社会和大政府的复杂结构中有效发挥领导力的条件等"。该书旨在理解人（作为管理者、政策制定者、教师、公民等）所处的特定环境，即作为有效且负责任行为之前提的"社会生态"。

在《人与商业》中，德鲁克从人、思想、社会等多元主题出发，探讨人与商业的过去、现在，并由此洞悉即将发生的未来。该书强调人在政治和社会变革中的关键作用，以及思想和技术如何成为推动这些变革的重要力量。德鲁克认为，政治不仅仅是权力和制度的斗争，更是人们对理想、信仰和价值观的追求与实践。在这个过程中，思想的力量不可忽视，它能够激发人们的激情，推动社会的进步。同时，科技的发展也为政治变革提供了新的可能性和手段，使得人们能够更加高效地实现自己的目标。

概述

在社会生态学的思想中，社会、经济是一个真实的环境、一个实实在在的整体，也是一个完备的"系统"，其中任何要素都与其他要素密切相关。为了看清，更为了准确理解相关状况，人、思想、制度、行为必须被当作一个整体来看待。而且同自然环境一样，社会、经济构成的人文环境，往往并不均衡，而是持续处于一个动态不均衡的状态。

《人与商业》的内容主要围绕着"人""思想"和"政治"三者之间的相互作用和影响来展开。德鲁克通过历史的视角，主要围绕以下四个主题深入剖析了三者是如何共同塑造一个时代的政治格局和社会风貌的。①人的核心作用。德鲁克强调，在政治和社会变革中，人的因素始终是最关键的。领袖、思想家和普通民众都在历史的进程中扮演着重要角色。②思想的引领力。思想是推动社会进步和政治变革的重要动力。从启蒙时代的理性主义到现代的社会民主主义，思想的力量始终影响着社会的发展方向。③政治与技术的交织。德鲁克指出，技术的发展不仅改变了人们的日常生活，还深刻影响了政治格局。例如，信息技术的出现使得信息传播更加迅速和广泛，从而改变了政治动员和政治决策的方式。④政治与社会责任。德鲁克认为，政治家和领袖不仅要有远见卓识，还要有对社会和未来的责任感。他们应该致力于创造一个更加公正、和平和繁荣的社会。

在德鲁克看来，政治变革不仅是权力和制度的重新配置，更是人们思想观念的转变和技术的创新应用。通过深入剖析历史上的重大政治事件和思想运动，德鲁克提醒我们政治不仅仅是权力和制度的游戏，更关乎人类理想、信仰和价值观的追求。

德鲁克对于人、思想和政治的看法，体现了其深厚的人文主义情怀和独到的管理哲学。对于人，德鲁克给予了极高的尊重和重视。他坚信人的尊严和权利，认为每个人都有其独特的价值。在管理中，德鲁克强调"用人之长"，即发掘和发挥每个人的长处，使他们的短处变得无关紧要。他主张管理者应该了解员工，懂得用他人所长，以实现组织的目标。这种对人的深入理解和尊重，使德鲁克的管理理念富有人性的温度。对于思想，德鲁克持有开放和包容的态度。他鼓励人们独立思考，追求创新。他认为，思想是推动社会进步的重要力量，而管理者应该成为思想的引领者，带领员工不断学习和进步。对于政治，德鲁克虽然并没有直接从事政治活动，但他的管理理念和思想却对政治领域产生了深远的影响。他所强调的"以人为本"的管理哲学，对政治领域的治理方式也提供了启示。此外，德鲁克对于社会责任的强调，也提醒着决策者应关注公共利益，以实现社会的和谐与进步。

评论

德鲁克对经济活动的敏锐洞察力和深刻思考，为今天的商业活动提供了诸多具有前瞻性的思想指引。回顾德鲁克在《人与商业》中将人、思想、制度与行为视作一个整体来看待的视角，无疑能够帮助我们更深入地理解当前的社会政治与经济现象，以及背后的深层次原因。

全球化与地缘政治的复杂性与日俱增。欧洲的难民危机、中东的地缘政治冲突，以及乌克兰危机，全球各地的政治事件都显示出人与思想、政治与技术之间的紧密关联。德鲁克所强调的"人"的核心作用在当前的世界社会中得到了充分的体现。领袖、政治家和普通民众都在公共事件中发挥着重要的作用，他们的决策、行动和信仰都能够影响全球的政治格局。

在社会变迁的过程中，思想的力量不可忽视。从环境保护主义到社会民主主义，从科技乐观主义到文化保守主义，各种思想都在影响着人们的行动和决策。这些思想不仅反映了人们的价值观和信仰，还在一定程度上塑造了社会的未来方向。德鲁克关于思想引领力的观点，对于我们理解当前社会的政治现象和变迁趋势具有重要的指导意义。

此外，通过深入剖析历史上的重大政治事件和思想运动，德鲁克帮助我们理解了这些事件背后的深层原因和影响，从而加深了我们对政治现象的理解和认识。他还强调了科技在政治变革中的重要作用，这对于我们理解当今社会的政治格局和未来发展具有重要意义。总的来说，《人与商业》不仅为我们提供了理解政治的新视角，也为我们提供了思考人类社会未来发展的重要参考。

阅读指南

《人与商业》一书是德鲁克对于人、思想和政治领域的思考和见解的集结，反映了他的独特观点和深厚学识。在阅读该书之前，可以先了解德鲁克的教育背景、思想体系和研究领域，以更好地理解该书的主题和核心思想。同时，可以带着自身对于人、思想和政治三个议题的思考和疑惑，明确自己想要解决的问题，从而有针对性地获得一些启发。

该书在章节安排上采取了层层递进的方式。全书大致可以分为三个部分：首先是对"人"在政治中的角色和影响的探讨，接着是对各种"思想"如何塑造政治格局的分析，最后是对"技术"如何与政治相互作用的讨论。在"人"的部分，德鲁克关注领袖、政治家和普通民众在政治进程中的作用；在"思想"的部分，他分析了各种政治思想和哲学观念如何影响政治决策和行动；在"政治"的部分，他则探讨政治体制、政策的制定与执行等方面的问题。每个部分都包含若干章节，每个章节都聚焦于一个具体的主题或观点，并展示了当时的经典案例（例如福特汽车公司和商业银行），读者可以进一步查阅案例的背景，结合自己的思考与德鲁克进行一场跨时空的对话。

对政治和思想领域的研究是不断变化和发展的，在《人与商业》这部文集中，德鲁克在特定的时代背景下发表了自己的观点，其中有很多见解晦涩难懂，需要结合其引用的相关著作和文章来进一步学习。通过对比阅读，读者可以更全面地了解经济学、政治学、管理学等思想领域的不同观点和研究，加深对德鲁克所研究的"社会生态"的理解和认识。

• 彼得·德鲁克语录⊖ •

1. 对于紧要议题，即使错误的答案也会引起人们关注。

2. 只有当一个地区有足够供给让大量人员做出有意义的选择时，"大众市场"才能形成。

3. 代际转换不仅仅是年龄的转变，更是观念、认知、整体经验的

⊖ 本章语录中的内容引自机械工业出版社 2020 年版《人与商业》。

转变。

4. 在现实政治中，"共识"会把所有接受过去的既成事实的人团结在一起，唯有那些仍想否定历史的不妥协者会被排除在外。

5. 管理层和工会人员都可以从日本经验中学到的是：制订福利计划，使相同数额的资金能够根据处于不同人生阶段的雇员群体各自的愿望和需求，提供最大限度的、灵活的、真正的福利。

6. 大型组织带来的难题需要新的政治理论和社会政策来应对。

7. 卓有成效的总统往往具备下述三个基本特征：工作安排得井井有条，以便把精力集中于关键事务上——不是行政事务，而是政治领导；使美国政治的焦点对准与整体形势息息相关的议题，而非那些符合自己的规划或政治信念的议题；深刻而全面地理解总统职位和美国人民，从不需要"推销"观点，而是发布命令。

管理：使命、责任、实践

MANAGEMENT:TASKS,RESPONSIBILITIES,PRACTICES

导言

在社会向机构型社会与员工型社会发展的过程中，尽管尚未形成与新形势相适应的新理论，但管理作为新机构的特殊器官已成为人们的普遍共识。所有机构都有管理职能、管理使命和管理工作，也正是管理的活动和绩效，最终决定了特定机构的生存与绩效。然而，在第二次世界大战结束后的 25 年间，全球范围内掀起了一股管理学热潮。人们明显地意识到了管理领域相关知识的长足进步，同时也意识到了新领域所产生的挑战和层出不穷的新的管理问题。20 世纪 70 年代正值美国经济发展的关键时期，工业时代转向信息时代，企业面临着全球竞争、科技创新、市场变革等多重挑战。在此背景下，德鲁克于 1973 年出版了《管理：使命、责任、实践》一书，尝试对管理领域相关知识进行辨析与界定，并提供了一系列关于管理的基本思路、战略、原则与实践方法。

德鲁克以使命为焦点，在使命篇从外部入手来观察管理，研究不同维度的使命以及每一项使命的要求；在实践篇讨论管理者的工作与职务、管理的技能以及管理的组织；在责任篇讨论高管层的使命、结构以及战略。德鲁克聚焦于管理者的需要，向管理者传授与他的使命相匹配的知识，帮助管理者透彻思考相应的政策、原则以及实践，力图为管理者在未来的工作中提供心智、思想、知识以及技能等必要储备，以应对新的挑战，实现管理使命。

概述

在使命篇中，德鲁克分别以企业的特定目标与使命、服务机构的绩效、使工作富有生产力并使员工有所成就、机构的社会影响与社会责任为主轴，详细阐述了管理的三项使命。

对于企业的特定目标与使命，德鲁克认为，每个机构都有各自特定的目标与使命，以及特定的社会职能。经济绩效是企业的独特使命，而在非企业机构中，经济绩效只是一项约束条件。企业是由人创建和管理的。企业的目标是"创造顾客"，而以"充分认识并理解顾客，提供顾客需要的产品或服务"为目标的市场营销，以及以"使人力和物质资源拥有新的、更大的财富创造能力"为目标的创新是企业的两项重要职能。企业活动就是通过市场营销和不断创新来"创造顾客"。为高效利用知识、时间、产品组合、流程组合、组织结构等生产资源以达到"创造顾客"的目的，企业管理者必须有明确的理念和清晰的经营理论来指导企业的行动和决策，清晰地界定企业的宗旨和使命，在此基础上提出并回答"我们的事业是什么？""我们的事业应该是什么？"两个问题，以制定清晰而现实的经营目标。

德鲁克同样关注服务机构的绩效。他指出，服务机构与企业的一个根本差异在于获取收入的方式不同。企业通过满足顾客需求来获取收入，而服务机构一般通过预算拨款获得收入，由政府通过课税的总体收入来分配。为取得绩效，服务机构也需要定义"我们的事业是什么"和"我们的事业应该是什么"，并从对使命的界定中明确目标，思考应集中力量完成的重点，同时界定绩效的衡量标准，然后运用这些标准对付出的努力进行评估并获得反馈，最后对目标和成果进行审核，以鉴别不再能够提供的服务与无法实现的目标。简言之，以绩效为导向来管理服务机构，使服务机构尽可能接受绩效的考验，从而引导服务机构为取得绩效和成果而努力，是服务机构获得显著绩效的关键。

对于使工作富有生产力并使员工有所成就，德鲁克认为，必须首先让员工具备为自己的职务负责的能力；其次，需要向员工持续提供绩效反馈以帮助员工进行自我控制；最后，让员工持续学习，将学到的东西用于提高自己的工作绩效、同事的工作绩效并找到一种更好、更有效、更合理的工作方法，这有助于缓和员工对创新的抵触情绪，降低员工被淘汰的概率。此外，在德鲁克看来，员工是企业最大的资产，管理层首先需要厘清"权威"与"权力"，认识到让员工承担责任并不意味着管理者在"权威"上的退让，也不必担心"去中心化"会使员工对管理层提出更高的要求。相反，这些要求有助于管理者更有效地从事自己的工作。更为重要的是，管理者必须促使人事管理发生变革，将过去视员工为"问题"和"成本"的人事管理转变为视员工为"资源"的、面向未来的人员领导。

对于机构的社会影响与社会责任，德鲁克指出，各类机构的管理人员已经逐渐成为社会的主要领导群体，人们对机构恪守责任——"不要明知其害而为之"、承担社会责任的要求日益深入人心。所有机构的管理层都要为机构所组织的合法活动对员工、自然环境以及社会环境所产生的影响负有责任。人们也越来越期待机构能够参与解决社会问题。社会问题是社会的机能失调引起的。将社会问题转化为机构的机会以满足社会需要，同时也为机构自身服务，是机构管理者应对社会问题的有效思路。德鲁克特别强调，管理者必须首先明确自己的首要职责是对机构负责，机构的首要社会责任就是履行其职能。因此，管理者必须认识到所在机构力所能及的领域与无能为力的领域，拒绝对超出机构能力与权力范围的、损害机构绩效潜能的并非由机构造成的社会问题承担责任。此外，对企业管理者而言，处理好与政府的关系是一个极为重要的社会责任领域，企业必须认真思考并制定出与政府关系方面的新政策。

在实践篇中，德鲁克围绕管理者的工作与职务、管理的技能以及管理的组织结构展开了深入探讨，旨在为现代企业管理提供理论指导和实践方法。他明确提出了管理者的两大核心职责：塑造高效的"生产的统一体"，实现当前利益与长远利益的和谐统一。德鲁克强调，首先，管理者必须致力于构建一个高效、协调的"生产的统一体"。这意味着管理者不仅要关注资源的最大化利用，还要深入挖掘企业的潜能，尤其是人力资源的潜能，确保各项资源能够协同工作，共同为企业创造效益。他认为，这是管理者无法被替代的独特职责，也是企业持续发展的基石。其次，管理者在做出决策和行动时，必须具备前瞻性和全局观。他们不仅要关注眼前的利益，更要考虑企业的长远发展。这意味着管理者需要在当前利益和长远利益之间找到平衡点，确保企业的可持续发展。

在谈到管理者的基本职能时，德鲁克列举了五项关键任务：设定明确的目标、构建合理的组织结构、激发员工的积极性、进行有效的衡量与评估，以及促进员工的成长与发展。这些职能是管理者必须履行的，它们共同构成了管理实践的核心。此外，德鲁克还深入探讨了管理的技能与目标管理的重要性。他提出，管理者需要具备有效的决策能力、信息沟通能力、控制衡量能力以及对管理科学熟练运用的能力。目标管理作为一种新型的管理技能和管理法则，强调员工在工作中的自我控制，旨在通过实现个人目标来达成企业整体目标。这种管理法则既关注人的需求，又注重工作成果，实现了人与工作的和谐统一。

在组织结构方面，德鲁克提出了指导性原则。他认为，组织结构不是自然形成的，而是需要管理者经过深思熟虑和系统研究来设计的。他提出了五种组织结构类型，并分析了它们各自的特点和适用范围。同时，他还强调，一个优秀的组织结构应该具备以下条件：明确性、经济性、远景方向、理解自身任务和整体任务、有利于信息交流和加速决策、稳定性和适应性，以及永久性和自我更新等。这些原则为企业在组织设计方面提供了宝贵的指导。

在责任篇中，德鲁克详细阐述了高管层的使命、结构以及战略，进一步指出，企业的规模、多元性、复杂性、成长与创新，不仅给予了高管层管理挑战与机会，也对高管层提出了更高的管理要求。

针对管理企业的规模与复杂性的要求，德鲁克指出，规模会影响企业的战略，不同的战略也要求不同的企业规模。高管层必须对企业的规模与复杂性做出决策，并将企业的规模与复杂性同企业的战略联系起来。高管层也必须意识到，"规模不当"是企业的通病，对此，需要采取适当的行动，或改变企业特性，或进行合并与收购，或进行出售与撤资。

针对管理多样化经营的要求，德鲁克指出，多样化在增加企业复杂性的同时，也会增加管理的难度。共同的市场与共同的技术为企业由"多样"构建"合一"提供了首要条件。寻求合一市场中的多样化的企业，必须以顾客为出发点，每个业务，甚至是每条生产线以及每条销售渠道，都必须有各自的计划、目标与策略。高管层只有为整个企业制定统一的战略，进行总体设计，确定共同使命，才能收获多样化经营的成果。以技术为合一的基础的企业，为实现多样化经营，必须确保技术的特定性、独特性与核心性，并为以技术为基础的多样化制定基本策略。这种基本策略比以市场为基础的多样化的基本策略更为复杂、难度更大。

针对管理跨国公司的要求，德鲁克指出，跨国公司既面对着内部的多样性，也面对着外部的多样性，因此必须在自己的管理组织中构建合一，从而优化共同世界市场中的要素成本与要素优势。对于随着业务的多样性而增加的管理难度问题，德鲁克指出，成功的跨国公司基本上都是单一市场或单一技术的公司，这反映出集中力量的必要性。对于跨国公司高管层的结构设计问题、子公司管理者的职务与职能设计问题、薪酬待遇等人力资源政策问题，其解决的关键在于要在相互冲突的需要与要求之间达成一种可协调的动态平衡。对于跨国公司在东道国与母国受到抨击与批评的问题，首先需要认识到在共同世界市场中，跨国公司的职能在于按照经济而非国家疆界的逻辑分配资源和市场，跨国公司的决策是以经济合理性为基础的。制定共同的行为准则是解决上述问题的唯一途径，也是增强经济实力与促进政治和谐的有力工具。

针对成长与创新的要求，德鲁克指出，成长是企业的生存需要，企业高管层必须重视战略，专注于企业的成长与发展目标，同时在企业内部做好人力资源与财务上的准备。更具有前瞻性的是，德鲁克指出，未来一定是一个创新的时代，一个在技术、社会、经济以及机构等诸多领域迅速变革的时代。对创新的管理将逐渐成为企业管理层特别是高管层的挑战，成为考验高管层能力的试金石。为了激励和引导创新，并使创新富有成效，高管层必须了解创新的含义，意识到创新不是发生在组织内部的事情，而是发生在组织外部的变革；掌握创新的动力，能够以市场为中心系统地寻找创新活动领域；制定创新战略，了解创新所需的目标、目的以及衡量标准，能够有计划地、系统地淘汰旧事物；以把不切实际的、不成熟、不着边际的想法转变为现实为首要职责，并在组织中培养和保持持续学习的氛围；能够在现行企业结构之外建立独立的、专注于创造新事物的部门或组织以寻求创新，真正将创新作为一项事业来进行。

评论

《管理：使命、责任、实践》出版于 1973 年，书中对"衡量和提高知识工作的生产率将会成为未来趋势"的预言已成现实。该书通过回顾管理学的发展史，吸取管理学热潮时期的经验教训，总结出世界经济在热潮退去后对管理学的新要求，探讨了管理学的深层意义。书中引用了大量实例，围绕企业绩效、服务机构绩效、富有成效的工作和有所成就的员工、社会影响和社会责任、管理者的工作、管理技能与组织管理、高管层的任务与组织、战略与结构等展开评述。该书系统探讨和揭示了企业使命、管理任务、企业责任、员工责任、员工资产、知识工作者、目标管理、管理分权、组织设计、企业规模、复杂性与多样化经营、跨国公司、成长管理和创新管理等方面的问题，为管理者提供了一套指引管理实践的"认知体系"。因此，该书是企业管理者、学生与所有有志于管理工作的仁人志士建立管理思维、学习管理方法的必读经典。

从实践的角度来看，该书为现代企业管理提供了宝贵的指导，有助于企业应对市场变革、提升竞争力，实现可持续发展。具体而言，德鲁克在书中指出，管理的使命之一是管理者所服务的机构的绩效，这对于指导现代企业应对不断变化的市场环境具有重要意义。企业应该关注它所处的环境，并利用其资源和能力来为顾客提供价值。这就要求管理者要具备判断和应对外部环境的能力，同时管理者也要注重组织内部的效率和效果。

此外，德鲁克关于企业社会责任的观点与当前企业追求可持续发展和践行社会责任的理念相契合。他认为，组织不仅需要为股东创造经济价值，还需要为社会创造价值。这意味着组织需要考虑其经营活动对环境、社区和其他利益相关者的影响。他提出，组织需要承担社会责任，关注社会的需求和期望，使其商业目标与社会目标相一致。随着企业社会责任意识的日益增强，管理者需要在追求利润的同时关注企业的社会效益，这将有助于引导企业实现取得经济效益与社会效益的双重目标。

而在当前企业面临数字化、智能化等领域的技术创新挑战的背景下，德鲁克关于创新与创业精神的观点也为企业提供了有益启示。他认为，管理者需要持续不断地寻求改进和创新，以应对不断变化的市场环境和竞争压力。他强调，组织需要建立一种创新文化，鼓励员工提出新的想法和解决方案，以推动组织的持续改进和发展。通过培养创新意识和创业精神，企业能够不断适应和引领市场变革，保持竞争优势。

在知识经济时代，知识型员工和知识型组织的重要性愈加凸显。德鲁克关于知识型员工与知识型组织的理论为企业人才培养和组织发展提供了有力指导。德鲁克认为，员工是组织最宝贵的资产，管理者的任务就是使员工成为组织的资产而不是负担。他提出了"知识工人"的概念，强调知识和技能的价值，并主张以人为本的管理理念。他认为，管理者应该关注员工的成长和发展，帮助他们发现并发挥他们的潜力。他强调，员工的满意度和参与度是提高组织绩效的关键因素。为了实现组织的目标，管理者需要激励员工，为其提供持续的学习和发展机会，在组织内创造支持创新和承担风险的文化。

面对复杂多变的管理环境，德鲁克提出的管理实践方法和技巧具有很高的实用价值。通过运用目标管理、时间管理、沟通协调等方法，管理者可以提高工作效率和执行力，推动企业实现战略目标。

阅读指南

《管理：使命、责任、实践》是一部经典的管理学著作，提供了深刻的理论洞见和实用的管理工具，同时辅以丰富、恰当的企业实践案例。该书浓缩了德鲁克40多年的知识经验与管理思考，值得读者认真学习和用心体会。

使命篇从外部考察并研究了管理使命的范围及其各方面的必要条件，详细阐述了管理的三项使命：管理者所服务的机构的绩效使命，使工作富有生产力并让员工有所成就，管理企业的社会影响和社会责任。使命篇的第一、第二部分分别围绕企业绩效与服务机构绩效阐述了管理者的第一项使命。第三部分"有生产力的工作和有成就的工作者"围绕管理者的第二项使命，着重探讨了对工作和生产制度进行分析、协调和控制的新方法，以使工作富有成效，以及有关工作结构、工作关系和薪酬结构的新方法，以使员工有所成就。第四部分"社会影响力与社会责任感"阐述了作为社会器官的企业与服务机构，在承担社会责任方面的任务、机会、限制条件与伦理规范。

实践篇详细阐述了管理者的工作与职务、管理的技能以及管理的组织。第五部分"管理者的工作与职务"对管理者进行了定义，探讨了管理职务的内容与设计、目标管理与自我控制以及知识型组织和绩效精神。第六部分"管理的技能"剖析了管理过程中的决策、沟通、监察控制与管理。第七部分"管理的组织"从新需求和新方法、组织的建构单元、组织结构的设计逻辑和规范三方面阐述了组织结构的建构，并提出了三类不同的组织结构设计模式：职能结构与团队结构、联邦分权与模拟分权、系统结构。

责任篇详细阐述了管理者特别是高层管理者的责任，从全局的角度由外而内地洞察了高层管理者的任务与结构，并分别从企业规模、复杂性与多样化经营、跨国公司、变革与成长管理、创新管理六方面进一步探讨了管理的结构、行为、任务与战略。

为了更好地阅读和理解该书，建议读者首先明确自己的阅读目标，然后可以选择性地阅读相关章节。例如，关注企业社会责任的读者可以重点阅读使命篇的"社会影响力与社会责任感"部分。在阅读过程中，可以结合自己的实际工作情况，反思书中提出的问题——"我们的事业是什么？""我们的事业应该是什么？"，并尝试回答这些问题，这有助于深入理解德鲁克的管理思想，并将其有效地应用于实际工作。

彼得·德鲁克语录⊖

使命篇

1. 管理是现代机构的特殊器官，器官的正常运作是机构存活并产生绩效的根本。

2. "效率"关注"正确地做事"（doing things right），而"成效"讲究"做正确的事"（doing the right things）。

3. 企业的持续长存是创业的核心使命。

4. 结构遵循策略。

5. 创新还可以被定义为赋予人力资源和物质资源产生新的、更大的财富能力的使命。

6. 企业活动就是通过市场营销和不断创新来"创造顾客"。

7. 企业管理必须是"创造性使命"而非"适应性使命"！

8. 目标不是命运，目标是方向。目标不是命令，目标是承诺。目标不决定未来，目标是调动企业的资源和精力去创造未来。

9. 服务机构所缺乏的是"成效"（effectiveness），而非"效率"（efficiency）。

⊖ 本章语录中的内容引自机械工业出版社 2019 年版《管理：使命、责任、实践（使命篇）》、2019 年版《管理：使命、责任、实践（实践篇）》、2019 年版《管理：使命、责任、实践（责任篇）》。

10. 员工是企业最大的资产。

实践篇

1. 凡是能让人产生绩效以及做出贡献的组织结构，都是正确的答案。

2. 良好的人际关系就像良好的教养一样，常被当作理所当然的事。经常因为别人的感受而焦虑，那就是最坏的人际关系。

3. 绩效是一切活动的终点。组织可以被比作传送带，把所有活动转化成"驱动力"——绩效。

4. 组织结构必须促使意愿与能力为成果服务，而不是为工作而工作；应该为未来而工作，而不是沉迷于过去的成就；应该增强实力，而非增肥。

5. 组织需要有能力使自己生存发展下去，组织需要具备自我更新的能力。

责任篇

1. 瓶颈总是在瓶子的顶部。

2. 组织规模的大小决定组织结构的复杂程度。反之，组织的复杂程度又决定组织的规模大小。

3. "德鲁克定律"："如果一件事情出错，那么其他所有事情都会出错，而且会同时出错。"

4. 没有什么比集中精力做正确的事业更成功的了。

5. 决定市场的是顾客而不是制造商。

6. 企业成长必须要求在正确的时机，把正确的产品或服务投入到正确的市场。

7. 即便心怀伟大愿景和坚定心志，不采取实际行动，也只会自寻烦恼，终究一事无成。

8. 成长是企业的生存需要。

9. 企业中的创新始终必须"以市场为中心"。

10. "无知"与"对未知事物的恐惧"是抗拒变革的根源。

养老金革命

THE PENSION FUND REVOLUTION

导言

1976 年，《养老金革命》以"看不见的革命"为书名初次出版。该书的诞生背景源自当时美国面临的养老金问题。20 世纪 50 年代至 70 年代，美国经济繁荣发展。然而，德鲁克通过深入研究，指出了这一繁荣背后暗藏的两个亟须关注的重大社会议题：养老基金社会化和人口老龄化。

首先，养老基金社会化的成功与问题并存。1952 年，美国通用汽车公司率先设立了现代养老金，企业养老金随后迅速发展。为了让养老金保值甚至升值，绝大部分企业的养老金计划选择进入股市投资，机构投资者尤其是养老金投资者，逐渐成为美国许多大企业的控股股东。德鲁克认为，通过企业养老金计划，生产资料所有权在没有国有化的情况下实现了社会化。而养老金资本的高度集中带来了新的社会矛盾。第一个矛盾是，年长雇员与年轻雇员在养老金缴纳问题上的冲突。前者希望退休后能领到更多的养老金，后者则希望眼下手头更宽裕；第二个矛盾是，养老基金的社会化削弱了美国工会的权力和影响力，工会的传统职能受到限制；第三个矛盾是，与所就职企业绑定的养老金对雇员来说存在着隐患。有些企业的养老金计划将雇员的养老金投资于雇主企业，这可能使养老金计划成为企业变相集资的工具，而美国半数以上的企业难以存活 40 年之久。

其次，美国社会的人口老龄化问题开始显现。出生率的显著下降和人口预期寿命的延长导致领取养老金的人数增多，这不仅加剧了养老金系统的压力，也预示了未来医疗保健系统面临的重大挑战。

在这样的背景下，《养老金革命》揭示了美国经济和社会的核心问题，并预见了养老金和社会保险领域未来面临的挑战。德鲁克通过该书，不仅阐述了生产资料所有权的社会化和养老金资本的影响，还对美国劳动者的退休年龄延迟、中产阶级问题以及老年人价值观成为社会主流思想等未来趋势进行了预测。通过深刻的观察与分析，德鲁克为理解和应对养老金管理和社会老龄化问题提供了宝贵的洞察和思考。

概述

《养老金革命》一书深度探讨了养老金对美国公司治理和经济结构的影响，是关于养老金问题的经典之作。书中主要讨论了美国养老基金社会化和人口老龄化这两大议题。德鲁克详细描述了当时美国的养老金构成，特别强调了企业养老金的重要性，并指出了人口老龄化对经济的巨大影响。他着重强调了养老金保值和升值的重要性，揭示了养老金进入股市作为投资资金的逻辑。此外，德鲁克还建议提高退休年龄以应对人口老龄化挑战，并强调养老金制度必须与人口结构变化相适应。

书中指出，养老金改革的关键在于允许人们在退休后自由选择投资方式，并对自己的投资决策负责。德鲁克强调，养老金并不能取代资本市场，而应该作为资本市场的一种补充，应该对养老金进行长期投资以获得更好的回报。此外，养老金体系的改革应该以公正、透明、有效的方式推进，以确保养老金体系的健康稳定发展。书中还提到，养老金已成为美国公司的控股股东和真正的资本家，并结合对美国人寿命延长、养老金和社会保险成为核心问题、延迟退休年龄等现象的预测对养老基金社会化进行了较为全面的分析。这些观点在书中得到了充分阐述，是有关养老金制度发展的深刻见解。

评论

在《养老金革命》一书中，德鲁克以其卓越的前瞻性和敏锐的社会问题洞察力，探讨了美国养老基金社会化和人口老龄化两大议题。尽管该书于 20 世纪 70 年代出版时未受到广泛关注，但它对养老金资本推动社会经济结构变革作用的深刻洞察，以及对人口老龄化影响的预见，随着时间的推移获得了应有的认可。特别是在当前中国人口老龄化加剧和经济转型的关键时期，德鲁克的见解在养老金的有效管理和使用，以及它如何促进经济可持续发展方面提供了宝贵的参考和启示。

德鲁克在书中所论述的当时的美国养老基金社会化问题，实质上是对企业养老金制度的探讨。他不仅深入分析了企业养老金制度的构成和运作方式，关注养老金如何保值和增值以应对未来的经济挑战，还早在 20 世纪 70 年代就指出了人口老龄化对养老金制度和劳动力市场的挑战。随着人类预期寿命的延长和健康状况的改善，延迟退休年龄成为一个值得深思的议题。他的见解强调了养老金资本在推动企业承担社会责任和实现可持续发展方面的潜力。养老金资本作为重要的投资者，通过向负责任的企业投资，不仅可以改善企业治理、提高企业运作的透明度和增强其责任感，还能鼓励企业采取更加可持续的业务模式。

在该书中，德鲁克前瞻性地预见到养老金资本不仅仅将在金融市场中扮演更加重要的角色，更将在推动社会经济结构变革的过程中发挥关键作用。结合中国当下的社会和经济现实，德鲁克的论述尤其具有现实意义。中国正处于人口老龄化加剧和经济转型的关键时期，养老金的有效管理和使用是保障老年人生活、促进经济可持续发展的重要一环。随着老龄化问题日益突出，经济结构和社会政策都需要做出相应的调整和改革，以适应不断变化的人口结构和劳动力市场需求。当前中国的养老金体系面临诸多挑战，包括资金池的可持续性、投资效率，以及如何支撑日益增长的退休人口的需求。德鲁克认为，通过将养老金资本投资于具有长期增长潜力的领域，可以在为退休人口提供稳定的收入来源的同时，也为社会经济发展注入活力，这对中国乃至全球的养老金改革和经济发展具有宝贵的借鉴意义和参考价值。

阅读指南

德鲁克的《养老金革命》深入探讨了养老基金的社会化过程及其对社会、经济和政治结构的广泛影响。书中不仅分析了养老基金快速增长的现状和潜在问题，还预见了这一趋势对未来社会的深远影响。

该书通过 5 个章节的深入分析，揭示了养老基金作为经济力量快速增长的社会和经济影响。在第 1 章中，德鲁克讨论了养老基金的发展历程和它在社会经济结构中日益重要的角色，指出了美国社会面临的主要问题，如养老金的资金管理和人口老龄化的挑战。第 2 章深入分析了养老基金社会化成功后可能遇到的风险和挑战，包括人口动态的趋势变化及其对养老基金的影响，以及必要的改革措施。第 3 章探讨了养老基金社会化条件下社会机构和社会议题的变化，如对经济增长管理的需要和对工作与工人的新要求。第 4 章则聚焦于养老基金社会化带来的政治教训和政治议题，讨论了政治影响、非政府组织的作用以及福利社会和福利国家之间的冲突。

最后，在第 5 章中，德鲁克分析了养老金革命如何影响美国政治中新联盟的形成，并在后记中总结了企业养老金计划对企业管理和经济结构的长远影响。

　　读者在阅读《养老金革命》时，应该关注德鲁克如何将养老基金的社会化过程与广泛的社会、经济和政治现实联系起来。特别是，德鲁克对养老基金在社会结构中日益增长的权力和影响进行了深刻的分析和预测。这对于理解当前世界养老金体系面对的挑战及其可能的发展方向具有重要意义。

• 彼得·德鲁克语录⊖ •

1. 现在缴费并放弃部分即期消费的工人可获得一种未来消费索取权。但是，这种索取权只能依靠未来的生产得到满足。

2. 出于人道和经济的原因，我们也非常需要一种"推迟退休"政策——一种既允许劳动者在有提前退休愿望时能够提前退休但又准许劳动者选择继续工作的政策。

3. "日本式养老保障制度"正在不断扩散，它允许退休人员在领取养老金的同时以低得多的工资到别处工作，从而打破了职工全员参加工会的体制。

4. 只有实现很大幅度的经济增长，才能满足人口变化和受赡养者众多导致的经济需求。几乎可以肯定，这种经济增长将不同于过去的 30 年的经济增长。正如已经多次强调的那样，这种经济增长必须主要基于资本投资，而不是消费，而且必须是大幅度的增

⊖ 本章语录中的内容引自机械工业出版社 2019 年版《养老金革命》。

长。……但是，这种经济增长必须是一种管理型经济增长。

5. 在养老基金社会化的条件下，劳资关系会作为一个主要的优先目标和重要机会出现，但首先是作为一个对管理人员的重大挑战出现。这是一个企业、公共服务机构和政府机关管理人员都要面对的挑战。

6. 至于满足需要或者利用机会的应对措施，我们必须有能力动员社会非政府机构的资源。

7. "富裕"是个神话，美国经济的现实是生产能力承受着极大的压力，必须提供为赡养快速增长的老年人口所必需的商品和服务。我们能做的唯一选择就是：承认还是不承认这种需要。无论我们是否承认，这种需要都不会因为被忽视而自行消失。

人与绩效：德鲁克论管理精华

PEOPLE AND PERFORMANCE:THE BEST OF PETER DRUCKER ON MANAGEMENT

导言

《人与绩效：德鲁克论管理精华》（以下简称《人与绩效》）出版于 1977 年，它不仅是德鲁克众多著作中的"佼佼者"，更是对管理实践和理论的深刻反思与前瞻性展望的集大成之作。在该书中，德鲁克探讨了管理的本质、管理者的角色、企业的使命及绩效提升的途径，为读者呈现了一幅管理思想的全景图。

《人与绩效》的写作背景，是德鲁克对于管理学发展的深刻洞察与前瞻。在 20 世纪中叶，随着科技的飞速发展和企业规模的不断扩大，传统的管理方法逐渐显露出局限性。德鲁克意识到，仅仅依赖经验和直觉已无法满足日益复杂的组织管理需求。因此，他着手探索一种更科学、更系统的管理方法，旨在提升个人和组织的绩效。《人与绩效》这本书便是在这样的背景下诞生的，它不仅反映了德鲁克对过去管理实践的回顾，也展示了他对未来管理理论和管理实践的深刻洞见。

德鲁克在《人与绩效》中提出的管理理论和实践原则，不仅深刻影响了 20 世纪的管理实践，更在 21 世纪的今天显示出持久的生命力和实践价值。德鲁克教给我们的，不仅仅是一套管理工具或方法，更是一种以人为本、追求卓越绩效的管理哲学。在面对当今世界的复杂挑战时，德鲁克的理论为我们提供了重要的指导和启示：管理的最终目的，在于通过提升每个人的能力和绩效，实现组织和社会的共同进步。

概述

在《人与绩效》中，德鲁克以其独到的视角深入剖析了管理的本质、管理者的职责、企业的目标以及如何通过有效的组织和人才管理提升绩效。该书紧紧围绕"人"和"绩效"两大主题展开论述。德鲁克深知，在所有管理活动中，人是最核心的因素。他强调，有效管理者应当懂得如何激励和引导员工，发挥其最大的潜能，从而实现个人价值和组织目标的双重提升。同时，德鲁克也对绩效做了深入的探讨，他认为绩效不仅是评价个人和组织成果的标准，更是推动持续改进和创新的动力。

德鲁克通过精炼的论述和实际案例，揭示了管理不仅仅是一项技能或职业，更是一种涉及持续学习和适应的实践。在他看来，管理的核心在于确保事情能够正确完成，这包括设定合理的目标、有效地组织资源、激发员工潜能、合理评估绩效以及推动组织的持续发展。

德鲁克特别强调了在面对快速变化的环境、技术进步和人口结构变化等挑战时，管理者必须展现出前瞻性和强大的适应能力。书中进一步探讨了管理者的角色和任务，认为管理者的首要职责是确保组织的目标和使命得以实现。这不仅要求管理者具备战略思维，还要求他们能够通过目标设定和有效的自我管理来引领团队前进。德鲁克对于中层管理者的作用给予了特别的重视，认为他们在沟通组织的高层意图与基层执行之间扮演着至关重要的角色，是知识转化为绩效的关键桥梁。

此外，德鲁克还深入讨论了企业的本质和社会责任，提出企业不仅仅是追求利润的经济实体，更应致力于实现更广泛的社会目标，如提升顾客满意度、促进员工发展和对社会做出贡献。在探讨如何提升组织绩效的过程中，德鲁克强调了创新的重要性和有效的组织结构的必要性。他认为创新是推动组织持续成长的关键动力，而一个灵活高效的组织结构则是确保这些创新想法能够被实施的基础。德鲁克提出了一系列具体的管理策略，旨在构建一个促进创新的组织文化，设计出适应变化的组织结构，并通过精细化的人才管理来实现组织目标。最后，德鲁克深刻地讨论了人才管理的重要性以及管理实践在社会和文化背景中的根基，批判了传统人事管理方法在知识经济时代的局限性，倡导更加关注员工的成长和个人发展。

评论

《人与绩效》一书在当代社会的管理理论与实践领域依旧闪烁着光芒，特别是在全球化和技术革新的背景下，德鲁克的管理理论更显其超越时代的特性。

该书蕴含的管理的多维性和以人为本的管理理念，对于应对今天组织所面临的复杂性和快速变化尤为关键。德鲁克所提倡的不仅是关注生产力的提升，更重要的是激发员工的创新能力和帮助其自我实现，这一点在知识社会尤为重要。

在管理者的角色和工作方面，德鲁克提出的管理者作为目标设定者、组织者和激励者的角色，在现代管理实践中的意义愈加凸显。管理者不仅需要战略性思考，更要擅长处理人际关系，以及在快速变化的市场和技术挑战中引导团队前进。德鲁克的目标管理和自我控制原则，为管理者提供了有效的工具，帮助他们适应变化，实现组织的可持续发展。

关于企业的目的和社会责任，德鲁克强调企业不仅要追求利润，还要关注社会目标和社会责任，这一观点在当今社会更加具有前瞻性。随着消费者意识和社会价值观的变化，企业的社会影响力和社会责任感变成了衡量其成功的重要标准之一。德鲁克的理念激励着现代企业在追求经济效益的同时，也致力于社会公益和环境保护。

德鲁克对于通过组织设计和人才管理来提升绩效的讨论，在人才竞争激烈和组织结构复杂的环境中尤为重要。他提倡的创新型组织文化和重视员工成长的理念，为现代组织提供了宝贵的洞见。在数字化转型的过程中，德鲁克的思想有助于管理者构建灵活、开放的组织结构，促进知识分享和跨界合作，提升组织绩效和竞争力。

《人与绩效》这本书的价值意义在于，它不仅提供了一套科学的管理理论框架，更为管理者指出了实践路径。德鲁克通过深入浅出的分析，试图让读者明白如何在快速变化的环境中有效应对管理挑战，提升组织的竞争力。此外，书中所蕴含的人文关怀精神，也让我们认识到，在追求效率和绩效的同时，更应关注员工的成长和发展，实现人与组织的和谐共进。

阅读指南

《人与绩效》分为六部分，每部分聚焦于管理学的不同方面，探讨了管理的本质、管理者的角色、企业的目标和社会责任、组织绩效的提升、如何用人所长，以及管理在社会与文化中的根植性。这样的结构设计不仅便于读者逐步深入理解德鲁克的管理哲学，也便于读者在实际工作中对照应用这些理念。

在阅读《人与绩效》时，读者首先会被引导着去思考管理的基本问题，包括管理者的定义、管理的起源和发展，以及管理面临的挑战。这为理解德鲁克对于管理的全面观点打下基础。接下来，读者会逐渐深入到管理者的具体工作和行为中去，如通过目标和自我控制进行管理，以及管理者如何在不同类型的组织中发挥作用。

对于希望深入理解企业本质和企业目标的读者，德鲁克在书中提供了深刻的分析，讨论了企业的社会责任和企业在社会中的作用。此外，书中还深入讨论了如何通过创新和人才管理提升组织绩效，并为管理者提供了具体的指导和建议。

最后，德鲁克探讨了管理在社会和文化中的角色，强调管理不仅是商业活动中的工具，也是社会进步的重要推手。这一部分对于希望理解管理活动如何影响社会文化并被社会文化所影响的读者具有特别的意义。

在阅读《人与绩效》时，读者应注意德鲁克是如何将理论与实践相结合的。他通过大量的案例来阐述自己的观点，使得理论内容生动且易于理解。此外，读者可以根据自己的兴趣和需要，重点阅读某些部分。但为了更好地理解德鲁克的管理哲学，建议通读全书，以获得最完整的视角。通过这样的阅读，读者既能够深化对管理学的理解，也能在实践中找到提升个人和组织绩效的有效途径。

• 彼得·德鲁克语录[⊖] •

1. 不理解企业的使命、目标和战略，就无法对管理者进行管理，就无法对组织加以设计，管理工作也就无从富有成效。

2. 管理者要造就一个真正的整体，使之大于各部分之和，使之成为产出高于投入资源总量的生产实体。不妨用交响乐团指挥来打比方，指挥通过自己的努力、愿景和对各种乐器的领导把噪声变

⊖ 本章语录中的内容引自机械工业出版社 2019 年版《人与绩效：德鲁克论管理精华》。

成鲜活的乐章。但指挥手里有作曲家写出的乐谱，他只需要进行阐释即可。管理者则既是作曲家，又是指挥家。

3. 人与人之间的关系，永远不是人与"东西"之间的关系——不能把人当成一种被动的"资源"使用。……人不能"使用"，只能"发展"。

4. 卓有成效的管理必须将所有管理者的愿景和努力指向同一个目标。它必须确保每一个管理者都理解企业需要自己实现什么样的结果。它必须确保上级理解对自己的下属管理者应该有什么样的期待。它必须激励每一名管理者朝着正确的方向付出最大的努力。它一方面要鼓励高度的技艺水平，另一方面也不能让追求技艺本身变成目的，因为技艺是达成企业绩效目标的手段。

5. 自我控制意味着更强的激励：一种做到最好的欲望，而不仅仅是凑合对付。它意味着更高的绩效目标，更广阔的愿景。

6. 在这样的时代，管理层不知道怎样管理创新，也是不称职、不胜任工作的。管理创新将日益成为管理层，尤其是最高管理层要应对的挑战，也是检验他们能力的试金石。

7. 有一点毫无疑问，做员工意味着与他人合作，意味着在社会里生活，在社会里劳动。所以，一言以蔽之，智力并不是最重要的素质，个性和诚实才最为重要。如果你独立工作，智力和能力就足够了。如果要和其他人共事，不具备基本的诚实，注定要失败。诚实以及个性是雇主首先考虑的一件大事。

8. 现代组织的存在是为了向社会提供特定的服务。因此，它必然根植于社会。它必然根植于社区，必然有邻居，必然要在社会环境下开展工作。它同样还需要雇用人来完成工作。现代组织的社会影响，不可避免地要超出它所做的具体贡献的范畴。

9. 对社会影响承担责任，是管理者的责任——不光因为这是社会责任，更因为这是企业责任。最理想的情况是把消除影响转换为商业机会。但如果做不到，管理层的任务就是设计适当的规章，做出最佳的权衡，推动公众对问题的讨论，提出最佳监管途径。

认识管理

AN INTRODUCTORY VIEW OF MANAGEMENT

导言

20 世纪 50 年代，第二次世界大战结束后，全球经济和社会进入了一个相对稳定的发展期。在这一时期，工业化和科技进步推动了企业规模的扩大和组织结构的复杂化，社会对管理学理论与实践的需求日益凸显。作为一位极具前瞻性的学者，德鲁克敏锐地捕捉到了这一时代变革，开始致力于将管理学的理论与实践相结合，为新一代的管理者提供指引。1977 年，德鲁克出版了专著——《认识管理》。

在该书中，德鲁克写道："无论学生学习什么专业，管理学都既属于专业教育又属于通识教育。未来无论是作为现代组织的普通雇员，还是储备管理者，学习管理不仅能够为个人的职业生涯和工作效果添砖加瓦，而且可以帮助你在未来不再忙于'生存'，而是有条件享受'生活'，成为成就瞩目、勇于负责、卓有成效之人，这是通识教育长期以来孜孜以求的目标。在当今的组织社会中，掌握管理知识、具备管理能力都是基本要求，这有助于人们彼此加深理解，维护社会秩序。"这段话历久弥新，对今天生活在数智时代的人们仍然有强烈的启示。

该书的所有内容都源自德鲁克作为管理顾问的实践，并且实践证明这些内容非常有效也非常重要；与此同时，授课效果也证明这些内容对学生而言非常有意义也非常容易理解。因此，要想系统地学习管理理论和德鲁克思想，阅读《认识管理》十分合适。

概述

德鲁克认为"管理立足于学科知识"，但同时也指出，"我们知道需要该领域的新知识，心里清楚需要什么，但我们尚未掌握这些知识。然而，实践中的管理者没时间等待，他们在问题和需求出现时必须进行管理"。因此，该书试图呈现当前已知的管理知识和该知识体系中更大一部分"有系统的无知"。

在导论部分，德鲁克首先明确了管理在组织、社会的发展过程中扮演着不可或缺的角色。他在书中写道："组织依赖管理者，由管理者构建，受管理者指导，团结在管理者周围，执行管理者的决策。"在此基础上，他对管理者的定义进行了革新，认为管理者是对绩效和贡献负责而不是对他人负责，更不是他人的指挥者，并且对管理者最基本的要求是诚实正直的品格，而不是一项才能。

在该书的第一部分，德鲁克聚焦工商企业这一管理的前沿领域，以对工商企业的绩效负责为出发点，认为管理者需要完成三项主要任务，分别是彻底思考并定义组织的宗旨和使命，使工作富有成效、帮助员工取得成就，管理组织造成的社会影响和社会责任。同时，他指出企业有两项基本职能，营销和创新。为了确保企业实现这两大职能，管理者需要审视"谁是业务者""业务应该是什么""哪种产品、服务、业务不再能够有效地满足客户需求而应该被抛弃"。随后，他们需要设置相关目标并实现目标间的平衡。最后，基于这些目标，管理者还需要进行战略规划，即思考当前的业务应该是什么，以及为了赢得未来，当前必须采取的行动是什么。

在该书的第二部分，德鲁克转向关注现代社会的成长领域——服务机构，探讨了"管理者如何为服务机构的绩效负责"的问题。他认为服务机构的根本性问题是资金源于预算而非成果，但让服务机构实现卓越绩效并不是天方夜谭。因此，为了提高服务机构和服务部门的绩效水平，可以按以下步骤实施改善计划：首先明确目标和任务，其次把资源集中用于优先事项，然后明确成果衡量标准，最后系统性地抛弃过时的目标和任务。

从该书的第三部分开始，德鲁克重点围绕管理者的第二项任务（使工作富有成效、帮助员工取得成就）展开写作。他识别了管理工作和管理做工（员工的活动）面临的主要挑战，如雇员社会的来临，体力劳动者心理和社会地位的变化等，认为要同时管理工作本身和员工做工。与此同时，他表示所有工作的本质都是一样的，需要受到同样的对待，需要进行分析、综合、控制以及拥有相应的工具。其中，"控制是员工的工具，而不能反客为主成为做工的障碍。控制遵循经济原则而不是道德原则。控制不能处理例外情况，只能确保例外情况不会成为常规过程的障碍"。最后，德鲁克就新一代年轻体力劳动者和知识工作者的管理提出了创新的看法，即要弥补道格拉斯·麦格雷戈在《企业的人性面》中所提出的 Y 理论（假定人想要成为成熟的人）的不足，使工作富有成效、提供反馈信息并构建持续学习的机制。

与别的管理学家不同，德鲁克始终强调"责任"，因此，在第四部分，他详细探讨了管理组织所带来的社会影响和社会责任。他认为现代组织的社会责任问题的核心首先是社会影响，这种社会影响往往应该被完全消除或尽力予以最小化。还有一类社会责任问题的核心是组织机构对社会弊病应承担的责任。在管理者已成为领导群体的社会中，管理者需要履行领导职能，维持组织的顺利运作。然而，组织绝不能以社会责任的名义损害或破坏自身完成首要的重大任务的能力，接受没能力完成的任务是一种不负责任的行为。此外，德鲁克认为企业社会责任最重要的维度之一是政企关系。

继管理者的三项主要任务之后，德鲁克在第五部分将焦点转向管理者本身，包括其工作、岗位和技能等。他以"为什么需要管理者"为开端，强调"管理岗位是自治的，立足于组织的需求"。紧接着，他详细探讨了管理者的工作内容和岗位职责，并强调为了履行这些职责，管理者需要拥有广泛的权威和影响力。在此部分，德鲁克还就越来越多掌握高深知识的专业人员担任中层管理者的现象对组织提出了新的建议：重组个人和组织的工作岗位，强调责任而不是权力，重新思考决策权和决策结构并最终改变最高管理层的角色。

在第六部分，德鲁克进一步聚焦管理技能，他指出管理是一项具体工作，因此需要特定的技能，包括制定有效的决策，实现组织内外的有效沟通，恰当运用核查和测量，预算与计划，使用分析工具。尽管同时掌握这些技能存在一定的难度，但德鲁克认为，作为管理者，他们需要理解这些技能是什么，能为管理者做什么，以及会给管理者带来什么要求。

在最后一部分，该书探讨了组织结构问题，提出了以任务和工作为中心、以成果为中心和以关系为中心等三种常见的组织结构类型。然而，健全的组织结构并不能保证卓越的绩效，还需要将运营管理、创新管理、最高管理三种工作置于同一个组织结构下来考虑。此外，创新型组织的建立、最高管理层和董事会职能的有效发挥对于组织健康发展至关重要。总的来说，当组织结构既聚焦于任务，又聚焦于人，同时兼具权力和责任维度时，卓越的绩效便会产生。

评论

德鲁克在《认识管理》中对管理这一概念进行了深入的剖析和阐释，为管理学的发展提供了重要的理论基础和思想指导。相较于其他管理学家的思想，德鲁克管理理论的特色在于从社会视角出发，以成果为依归，以责任为主线，聚焦于人的作为和取得的成就，试图把人和任务结合起来，最终落脚于"保持管理层的自治"。该书不仅揭示了管理的本质和重要性，还强调了管理者应该具备的素质和技能，对于当今社会中的管理者和领导者具有重要的借鉴意义。

在该书中，德鲁克强调了管理的目标是实现组织目标的有效性和效率，他认为管理者的核心任务就是使组织能够达到预定的目标并且能够持续地创新和发展。在这个过程中，管理者需要具备一系列的管理技能，包括沟通能力、领导才能、决策能力等。德鲁克认为，管理者对于组织的成功至关重要，他们是组织的灵魂人物，负责协调和管理组织内部的各种资源，使组织能够顺利运转。

与此同时，德鲁克在书中还提出了许多关于管理的新理论和新观点，比如"管理者的定义""知识工作者的管理""创新管理"等。他认为，随着社会的发展和知识经济的兴起，知识成为组织竞争力的关键因素，因此管理者需要更加注重对知识工作者的管理和激励，鼓励员工创新并提高自身的能力。此外，德鲁克强调管理实践的重要性，他认为，管理是一门实践的艺术，需要管理者在实践中不断摸索、学习和创新。这种实践导向的写作风格，能够让读者感受到管理学的活力和魅力，也激发了他们进一步学习和探索的热情。

《认识管理》的表达清晰易懂，德鲁克通过生动的案例，将复杂的管理理论转化为易于理解和应用的知识。这使得读者能够轻松地掌握管理学的精髓，并将其应用到实际工作中去。总体而言，德鲁克的《认识管理》是一本具有开创性意义的管理学著作，它不仅对管理这一概念进行了全面而深入的剖析，还为管理者提供了实用的管理经验和技巧。该书对当今社会中的管理者和领导者来说具有重要的价值和意义，可以帮助他们更好地理解和应对各种管理挑战，提高自身的管理水平和领导能力。

阅读指南

《认识管理》深入探讨了管理的本质、原则和实践的方方面面，如"什么是管理""管理对组织的意义""管理如何对工商企业和服务机构的绩效负责""如何激活人""如何成为负责任的企业和管理者""管理者应掌握哪些技能"等，为管理学的发展提供了重要的见解。然而，丰富的内容也导致该书篇幅较长，使对整体思想的把握富有挑战性。事实上，该书每一部分都是环环相扣的，有较强的逻辑性。具体而言，在导论部分，德鲁克先奠定整体基调，即管理于组织而言非常重要，管理者对绩效和贡献负责。在此基础上，德鲁克在前四部分探讨了管理层面临的三项主要任务。之后，他转向管理者及管理者的工作和岗位，讨论了具体的管理技能。最后，他探讨了组织结构和组织设计问题，涉及创新型组织和最高管理层的岗位、工作和组织结构。读者可以在阅读前先了解该书的逻辑，特别是先了解德鲁克关于管理者的新定义及管理者三项主要任务的解释，这对于建立阅读信心，加强对全书内容的理解，构建管理学知识结构体系有一定的帮助。此外，为了更加准确地掌握德鲁克阐述的管理思想，读者有必要结合书中的例子或身边的例子进行思考，进而在管理实践中运用并检验德鲁克的管理思想，以加深对其的领悟。

彼得·德鲁克语录[⊖]

1. 无论学生学习什么专业，管理学都既属于专业教育又属于通识教育。

2. 管理者是否具有远见、奉献精神和诚实正直的品格，决定了现代组织的管理状况。

3. 管理和管理者是所有组织（从规模最小到规模最大）的特定需求，是每个组织特有的"器官"，负责把组织内各部门凝聚在一起，发挥应有的职能。

4. 组织中用以确定哪些人负有管理责任的首要标准，不是能否指挥命令他人，而是对贡献所负的责任。

5. 管理者是否督促下级人员向正确的方向发展，帮助他们成长为更强大、更富有的人，将直接决定自己能否发展，成长还是退化，富有还是贫穷，进步还是落伍。

6. 管理一家企业一定是一项创造性而非适应性任务。管理层主动创造或改变的经济条件越多，而不是被动地适应，那么企业的管理就越到位。

⊖ 本章语录中的内容引自机械工业出版社 2021 年版《认识管理》。

旁观者：管理大师德鲁克回忆录

ADVENTURES OF A BYSTANDER

导言

　　《旁观者：管理大师德鲁克回忆录》（以下简称《旁观者》）出版于1979年。德鲁克以其自身的人生经历为该书的线索，反刍了曾给他留下深刻记忆的人物事迹，旨在刻画一些特别的人以及他们的特立独行。该书内容通过随笔的形式展现，因此《旁观者》可被视为一本短篇故事集，每一章都可独立阅读。德鲁克在序言中表示，"我希望借此呈现社会的图像，捕捉并传达这一代的人难以想象的那种精髓、韵味与感觉，比如两次大战间的欧洲、罗斯福的新政时期，以及第二次世界大战刚结束时的美国。事实上，早在肯尼迪执政时，写作此书的念头已开始萌芽。那些年代对我的孩子、我的学生以及许多年轻朋友而言，虽还不算是'历史'，却已如古亚述王国的尼尼微和阿苏尔般遥不可及"。如德鲁克所述，该书描述了第一次世界大战前后到第二次世界大战期间欧洲和美国的政治局势及社会形态变化，以及各种政治和经济思想的潮起潮涌，这些内容通过德鲁克对给他产生深刻影响的人和事的描写而展现出来。

　　德鲁克一生撰写了近40本书，其中十余本与管理直接相关，其余的则是关于社群（社区）、社会和政体的。《旁观者》不直接体现德鲁克对管理的思考，但它依然是一本了解德鲁克管理思想的好书，而且是了解德鲁克本人的必读著作。德鲁克曾写道："这本书虽不是我最重要的著作，却是我个人最喜爱的一本书。"

概述

《旁观者》一共由三部分组成，分别是"来自亚特兰蒂斯的报告"（第一部分），"旧世界里的年轻人"（第二部分）和"无私天真的夕阳岁月"（第三部分）。通过这三部分内容，可以感受到德鲁克作为一个伟大的观察者和思考者，在其不同的人生阶段都有着不同的思考和感悟。

第一部分主要描述了第一次世界大战前后的人与事，德鲁克通过对其朋友圈的描绘，展现了当时社会的风貌和人们的精神状态。从充满智慧的奶奶，到坚韧不拔的赫姆夫妇，再到对德鲁克产生深刻影响的恩师，每一个人物都以其独特的方式展现了人性的光辉和对真理的不懈追求；弗洛伊德对心灵的深入探索，以及伯爵夫妇的优雅与风度，都为德鲁克观察和理解社会提供了独特视角。这些人物有的在宗教仪式中寻求精神的净化，有的在日常生活中积极探寻生活的真谛，拒绝被谎言和欺诈所侵蚀。通过与这些人物的交往，德鲁克不仅获得了丰富的见识，而且为自己日后的学术研究和人生道路奠定了坚实的基础。

第二部分则聚焦于德鲁克在第二次世界大战期间的经历和他对于社会变革的深刻观察。在这一部分中，德鲁克描绘了多种类型的年轻人，他们各具特色，展现了那个时代年轻人的精神面貌。其中，有满怀激情、勇敢探索未来的青年领袖，他们在重建社会、推动变革中发挥着重要作用；有追求真理、不断学习的知识分子，他们通过学术研究、文化交流等方式，丰富了自己的精神世界；还有那些坚守岗位、默默奉献的普通青年，他们用实际行动支持着社会的进步。通过对年轻人经历的描绘，德鲁克展现了当时社会的变迁和人们思想的转变：年轻人开始追求自由、平等和独立，质疑并挑战传统的价值观。这种思想上的觉醒不仅影响了他们的生活方式和人生选择，也为后来的社会变革埋下了伏笔。

第三部分主要描述了从美国经济大萧条到珍珠港事件期间，美国社会氛围中对人关怀、热心助人和勇于行动的一面，展现了德鲁克移民至美国后的生活和他对于人生和社会的思考。在这一阶段，德鲁克已经成为一名享誉全球的管理学大师，但他仍然保持着对世界的好奇和热情。他开始更加关注社会的可持续发展和人类的精神追求，试图运用自己的知识和智慧为人类社会的进步做出贡献。在这一部分中，德鲁克也表达了自己对于人生意义的深刻思考，他认为人生最大的价值在于为他人和社会做出贡献，而不是追求个人的名利和地位。

评论

《旁观者》是德鲁克基于旁观者的视角，记录其人生旅程中依次遇见的各路人和事的故事集，是一部写"人"的书。正如德鲁克所言，"我从未认为哪个人特别无趣"，他的洞察力令人叹为观止，他能够从一个旁观者的角度，捕捉到那些容易被忽视的细节和神韵。这意味着世界上本就没有无趣的人，有的只是不善于观察和体会的人。对德鲁克而言，这些"人"可以折射或反射出社会的真相。因此，德鲁克对"人"的观察给所有管理者提供了一个样板——倘若一个人对自己的同事和伙伴的行为、态度乃至价值观有敏锐的洞察力，那他很可能成为一个有效的管理者。同时，德鲁克在书中还表达了他对管理、社会和人生的深刻见解，这些见解对于理解现代社会的发展具有重要的指导意义。总而言之，该书表面上是在描述不同人的精彩故事，实则处处体现了德鲁克的管理思想，如要专注、自我管理等。换句话说，通过描绘"社会图像"中的人物，德鲁克将其对时代风貌和自身的思考生动地展现在读者面前。因此，要了解德鲁克的经历怎样影响了他的信念、价值观和管理思想，最好去读《旁观者》。

阅读指南

《旁观者》一书写作手法细腻，每一章都围绕着不同的人及其经历展开描述，有很强的故事性和吸引力，能够使读者跟随德鲁克的文字真真切切地感受他的人生经历。相较于德鲁克其他关于管理的书，该书读起来很轻松。事实上，书中描述的其他人的故事和他自身的经历，对他管理思想的形成有很大影响。因此，透过该书，读者可以了解德鲁克的人生哲学和价值观。然而，仅仅通读一遍很难体会到其中的韵味，重复阅读更能够帮助读者领会"旁观者"的含义。

该书不写管理，但处处都暗藏管理的玄机，与德鲁克的其他作品，如《管理的实践》和《卓有成效的管理者》中的观点和见解遥相呼应。例如，在"怀恩师"这一章中，德鲁克以深厚有力又细致入微的笔触描述了他心目中的两位一流的老师（埃尔莎和苏菲）的教学理念、方法和实施流程。其中，埃尔莎擅长设置目标并致力于通过过程管理实现目标。德鲁克在书中写道："学期一开始，她已经告诉过我，因为我的阅读和拼字本来就不错，因此她不会再称赞我这两方面的表现……然而，若是我们没有改进或增强该加油的部分，特别是本来就有潜力的地方，如我的作文，她就像复仇天使般紧盯着我们。"这般对目标管理的具象化描述，不禁让人联想到以目标管理思想闻名的《管理的实践》。面对这种场景，读者或许会思考，埃尔莎的这种教学方式使德鲁克受益一生，那是不是也是其目标管理思想的源头呢？类似这种思想的联动，读者在阅读过程中可能时常会产生。

• 彼得·德鲁克语录[一] •

1. 学习是深植于每一个人身上的，人类以及所有的生物都是照着一定方法学习的"学习体"。

2. 人千万不可和罪恶打交道——一切都是罪恶本身搞的鬼，而不是人。

3. 所谓有教养的人将不只是业余涉猎几个领域，而是个专家，且是能使自己的专长和知识互相贯通的通才。

4. 科技不只是一项"工具"，而是人的延伸。科技虽非"人类的主宰"，但是在扩展人类能力范围的同时，也改变了人类的个性、特质和自我认知。

5. 所谓正确的方法就是去找出有效的方法，并寻求可以做到的人。我了解到——至少我自己不是在错误中才能有所体认，我必须从成功的范例中学习。

6. 科技为人类下定义，并影响人类对自己的看法，对人类所生产的事物也具有相当大的冲击。

7. 如果不尊重个人，无视他人的信仰、决心以及情感，就是步向毒气室的第一步。

8. 要有成就，必须在使命感的驱使下，"从一而终"，把精力投注在一件事上。

[一] 本章语录中的内容引自机械工业出版社 2019 年版《旁观者：管理大师德鲁克回忆录》。

动荡时代的管理

MANAGING IN TURBULENT TIMES

导言

德鲁克认为，未来不是简单的目前状态的重复或延续，而是根植于当下。我们现今的状态和方向决定着未来走势，在不确定的国际政治与经济环境下，管理者需要识别并把握好关键要素。比如，可以通过对当下人口规模和人口变动趋势的把握来判断未来十几年甚至几十年后的经济社会发展情况。那么，管理者如何做才能保证企业基业长青？德鲁克在《动荡时代的管理》中从两个视角出发进行了解读：第一，立足当下，做好对最关键要素的管理；第二，面向未来，果断抛弃冗余，将资源集中于核心竞争力。该书出版于1980年，彼时国际形势发生了重大变化，德鲁克希望通过该书告诉读者在动荡的时代里企业管理者应该做什么。在动荡的商业环境中，组织管理层将度过自己的"青春期危机"，这段时期将决定成熟的管理层的结构、限制和特征。

20世纪70年代末80年代初，全球经济环境暗藏动荡和危机，德鲁克通过该著作，强调了世界政治与经济环境将不可避免地出现动荡，20世纪早期关于世界格局、经营环境、企业管理的假设、规律和惯例正在遭到质疑和挑战，而管理者必须及时采取应对措施。如今，国际形势的不稳定性和不确定性依旧突出，习近平总书记指出，要"看清当前国际国内形势纷繁复杂现象下的本质，做到临危不乱、危中寻机、开拓进取、开辟新局"。可见，德鲁克关于如何在动荡时代管理好组织的思考至今仍值得我们思考和借鉴。

概述

1. 管理者如何在动荡中把握关键要素

德鲁克强调了有形资产这种关键的企业资源在动荡时期对管理者的特殊性和重要性，比如日本佳能公司在动荡时期选择多元化扩张的过程中，将所有业务都集中在光学领域，因为这是其核心竞争力所在。每个组织都需要想清楚，与自己的核心竞争力相匹配的关键有形资产是什么。德鲁克还指出，管理者面对变局要加强人才培养，注重人力效能，对于最富有成果但也最昂贵的高素质人才，管理者必须知道该给他们分配什么样的任务。要注重人力资源的生产力，管理者要把人才指派到能让其充分发挥才能的岗位上，而不是让他们承担无论干得多好他们的技能和知识都不能创造出成果的工作。

2. 管理者如何走出当下的"舒适区"

德鲁克认为，在动荡时期，企业只有不断挑战现有舒适区，保存合适资源，设定多重目标，才能面向未来走出舒适区。所有组织都生存和运行在两个不同的时段：今天和明天。因此，管理者总是不得不同时管理今天和明天。在动荡时期，管理者不能想当然地以为明天就是今天的延伸，而是必须进行变革。危机中蕴藏着机会，管理者要认识到变化既是机会也是威胁，应对好了就是机会，应对不好就可能被时代淘汰。因此，企业必须既能承受压力又能迅速行动以抓住机会。如果动荡时期出现在多年来相对平静、轻松和可预测的状态之后，那么对变化的应对就显得尤其重要。德鲁克强调，任何一个组织除非受到考验和挑战，否则都倾向于变得松懈、懒散、不集中。

在管理工作中，处于"安逸区"的组织倾向于遵循惯例来配置资源，而不是根据变化中的情况，因为任何组织都有惰性和遵循惯例的惯性。同样地，组织先前的战略成功更容易导致组织对曾经的战略、策略和管理方式的坚持。每一个组织包括组织中的个体都倾向于避免不愉快，而最让人不快、最不受欢迎的就是把资源向效率集中，因为那总是意味着说"不"。要想实现对资源配置的控制和资源集中，可以准备经营预算和机会预算。经营预算是为已经在落实的目标准备的；机会预算是为新的创业计划准备的。经营预算应该以能够维持的最低限度准备资金，机会预算应该以追求努力和支出的最高收益率为目标。任何一家企业在动荡时期都需要有计划的放弃策略。每一种产品、每一项服务，每隔几年就需要接受合法性的检验，问问自己："就目前我们了解的情况而言，假如我们没有身在其中，我们还会进去吗？"

3. 管理者如何正确看待增长

德鲁克就管理增长这一话题提出了很多经典的主张，他认为任何企业的合法性都建立在合理的业绩增长预期基础之上，这一点在任何年代都适用。要做到这一点，企业管理者需要思考现有业务的发展战略，因此，找到适合于自身特定优点的增长领域就十分重要。企业要优化资源配置的效率，及时把资源从已经不能再产生成果的领域转移到那些能够发现新机会的领域。因为不能再产生成果的边缘组织在任何经济周期都不能产生回报，每当经济下滑时，边缘组织绩效下滑得最严重，而当经济回升时，边缘组织的恢复又慢人一步，每经历一轮商业周期，边缘组织都会更加虚弱。所以，一旦某组织已经边缘化了，要想逆转这种下滑的趋势就变得极其困难，或者说几乎是不可能的。

在动荡时期，管理者很容易陷入增长陷阱，比如不断在无法产生边际收益的产业领域重复投资，这样的企业看似实现了增长，实则并没有提高生产率。所以，德鲁克在此提出了一个重要观点：一家企业必须区分错误的增长和正确的增长，如同人体要区分肌肉、脂肪和肿瘤。其区分原则是，能在短期内促使企业资源的总体生产力得到提高的任何增长都是健康的，这样的增长应该得到充分的支持，是组织内的肌肉；只能导致规模扩大而不能在相对短的时间内促进总体生产力提高的增长就是脂肪，一定量的脂肪或许是有必要的，但很少有企业因为脂肪太少而患病；而任何导致生产力下降的规模增长就是会引起病变的肿瘤，应该迅速而彻底地通过手术将其切除。

4. 管理者如何把握科技创新周期

德鲁克提出，管理者需要管理科技创新。第二次世界大战后，科技最重要的特征不是出现更多颠覆式创新，而是现代科技向世界各个地区普及，这是第二次世界大战期间现代化战争蔓延到世界各地的结果。科技的普及和渗透在战后的 25 年里大大地加速了，但科技本身没有发生根本性变革。20 世纪 50 年代至 70 年代的"新科技"，大体上都基于第一次世界大战前形成的科学和知识。

面对 20 世纪七八十年代人们普遍认为的从新知识到产品和服务的转化时间已经大大地缩短这个观点，德鲁克提出了不同观点。他认为科技的应用转化时间在"二战"后的三四十年里一直没有太大的变化，新知识仍需三四十年的时间才能转化为产品和服务。因此，德鲁克预测 20 世纪 30 年代末 40 年代初形成的新知识，将于 20 世纪 80 年代转化为新产品和新服务，为社会生活带来结构性的变革。他认为，电子学领域、健康护理领域、制造领域、通信领域都将发生巨大变革。因此，企业尤其是大型企业的管理者必须具备创新能力，找到创新的机会，然后在创新过程中释放出有效的领导能力。在动荡时期，仅仅扩展甚至修正现有的科技已经不能满足时代需要了。但需要明确的一点是，"创新"未必意味着科技和研发，它们仅仅是创新的手段或工具。

评论

《动荡时代的管理》是写给组织管理者和决策者的，对所有关注管理和关注未来的管理者来说都值得学习，德鲁克将他对经济、政治和社会各领域问题的思考融入他的管理思想，用他的管理思想来预测企业未来可能面临的新环境，并为管理者提供新的思考和视角。他通过独特的方式对社会潮流进行洞察，做出过许多惊人的预测，被称为穿越时空的管理学大师，在该书中，他对时局和科技发展等方面的研究思路值得读者借鉴和学习。

在该书提出的众多管理思想中，管理创新对现代企业是最具借鉴意义的。当今世界，国内国际市场的充分竞争意味着很难再找到一片蓝海，更多企业不得不在重复中内卷，而创新是唯一可以突破这种困境的方法。首先，创新意味着对昨天的系统性抛弃，以及对创新机会的系统性搜索——在一项技术、一个流程、一个市场的弱点中搜索；在新知识的转化时间中搜索；在市场的需求和要求中搜索。其次，创新意味着乐于以创业精神来组织，习惯于以创造新业务而不是单纯创造新产品或改进老产品为目标。最后，创新意味着敢于在旧有的管理体系之外单独建立新的宇宙，用新的组织拉动企业的持续增长，在红海中找到蓝海。

阅读指南

德鲁克希望通过《动荡时代的管理》告诉企业界的读者们在动荡时期

如何维持稳定、保持增长。他不将该书视作一本管理者的"入门指导"，而旨在直接告诉管理者在动荡时期应该如何应对。第 1 章开宗明义地阐述了如何有效管理基本要素，强调了要针对通货膨胀进行调整，要有足够的流动资金并重视财务实力，要管理各类资源包括人员的生产力，以及要管理自身的生存成本并将其视为真实成本。第 2 章直奔主题，思考了在动荡时期如何对明天进行管理，介绍了为何要把资源向成果集中、抛弃"昨天"、管理增长、管理创新和改变以及如何去做，阐述了面向明天的经营战略和给管理者的计分卡。第 3 章分析了新的人口结构和人口动态对社会经济发展产生的巨大影响，涉及全球化生产分工体系、强制退休年龄、发展中国家的就业机会需求，以及对冗余规划的需求等的巨变。第 4 章探究了动荡环境中的管理，涉及全球化经济、跨国的世界货币体系、主权的终结、破裂的世界政治、世界经济中的"近发达"国家、面向世界经济的经营政策、员工社会、工会、作为政治组织的企业、特定政治环境中的管理等话题。德鲁克希望读者通过阅读该书，不断反思新的现实，并通过行动和决策而不是简单的理解和分析来实践书中的观点。

• 彼得·德鲁克语录[⊖] •

1. 不要耍小聪明，要尽职尽责。预言未来只能让你惹上麻烦。我们的任务是管理现在，努力地促成能够发生和应该发生的。

2. 一个动荡的时期是危险的时期，但它最大的危险就在于诱使你否认现实。……但是对那些能够理解、承认和利用新现实的人来说，一个动荡的时期也是一个充满大好机会的时期。

⊖ 本章语录中的内容引自机械工业出版社 2019 年版《动荡时代的管理》。

3. 基本要素属于今天的企业。但是，所有的组织都生存和运行在两个不同的时段：今天和明天。明天正在变成今天，而且大多数情况下是不可逆转的。

4. 在 20 世纪，很少有哪种新的社会机构、新的社会职能像管理层这样形成得如此迅速，也很少有哪种新的机构这么快就变得不可或缺。但是，也很少有哪种新的机构、新的领导群体，曾经接受过如今动荡时期的管理对企业以及公共服务机构的管理层提出的这种考验——如此苛刻、如此富有挑战性、如此令人兴奋。

迈向经济新纪元

TOWARD THE NEXT ECONOMICS AND OTHER ESSAYS

导言

20 世纪 70 年代的美国社会，繁荣与危机并存，一方面科技快速发展，消费主义盛行；另一方面污染严重，经济发展停滞。德鲁克对彼时越南战争后的美国经济社会进行了深入的思考，《迈向经济新纪元》即是其成果之一。该书收录了德鲁克在 1972 年至 1980 年撰写的 12 篇论文，其主题各有不同，但都有同样的关切，反映了他对自己所身处的时代的探究和反思。该书聚焦于"社会生态"，以期为组织未来的生存和发展提出解决方案。

德鲁克认为，无论是政府、学校还是企业，人们试图通过这些组织来实现自己的价值观和信仰，维持生计，成就事业，并以此在社会上立足。而这些组织的角色和表现在 20 世纪 70 年代已出现了结构性变化。该书关注了美国彼时的社会和经济所面临的各种问题，如环境问题、人口老龄化问题、退休年龄问题、技术变革对社会经济的影响问题等。除了分析美国所面临的问题，德鲁克还在最后部分特别关注了日本经济社会的高速发展，尝试去了解西方主流文化以外的其他经济体，以启发读者思考。

概述

1. 经济学危机

虽然凯恩斯经济学在很长一段时间内成为经济学领域的主流观点，但它的公信力正逐渐丧失。经济学发展至 20 世纪 70 年代逐步显现出危机，表现为其基本假设、范式和"系统"的失败。资本代表着未来，是对未来的风险、不确定性、变化和就业所进行的准备。资本不是当期成本，但它是必然会发生的成本，一个经济体如果不能产生足够的资本来支付未来成本，就会发生滞胀。

而在微观经济学领域，至 20 世纪 70 年代还没有一个微观经济学模型包含生产率和资本形成。德鲁克预测，未来的微观经济学将抛弃"利润"的概念，因为它假设经济是封闭的、静态不变的，而根据熊彼特的理论，在流动的、变化的、开放的经济中只存在创新者所创造的"暂时利润"。在实际应用中，没有企业家会将"利润最大化"应用在发展规划和投资的决策中，企业家更关注产量最大化而非利润最大化。因此，未来的经济学需要以完全不同的微观经济学为基础。

尽管在 20 世纪 70 年代，尚没有人能预测未来的经济学的内容，但德鲁克认为它可能会再次兼具"人性"和"科学"的特点，而且它可能会以生产力为基础，它是人文学科、道德哲学、社会科学，也是自然科学。

2. 对环保运动的思考

20 世纪六七十年代，环保运动在美国如火如荼地展开，而德鲁克却指出彼时的环保运动正面临着偏离轨道的危险。许多人举着环保主义的大旗，却因对环境危机的起因缺乏认知而产生了很多偏激行为，比如人们普遍认为通过减少对科技的依赖就可以获得清洁的环境，或是认为"商业利润"可以为环保成本买单。事实上，这些观点都忽视了客观的生活现实问题，比如人口压力、工人失业，以及城市拥堵问题。同时德鲁克也认识到环境保护是全球议题，应该协调世界范围内的环境需要和政治经济需要。面对环境保护和生产的矛盾，德鲁克呼吁环保主义者向全球民众普及应对环境危机的必要性，共同维护人类的环境。

3. 关于科技管理

在 20 世纪，科技一直是"头条新闻"，它能促进社会经济的发展，也因此受到各界的重视，但在商业界，彼时还较少有组织对科技进行管理，因为企业家普遍没有认识到科技发展和业务并非独立运作的，需要关注科技对个人和社会的影响。德鲁克认为，企业家应该对科技发展进行预先研究和规划，把自己的组织打造为具有创新精神的组织。科技将走向何方取决于企业家管理科技的意愿和能力。企业需要科技，无论是重大科技突破还是一些具体的技术改善，如果企业家不能创新，那么他们的组织将很快被其他组织取而代之。因此，德鲁克认为科技管理必须引起企业家的足够重视，成为管理的核心任务。

4. 跨国公司和发展中国家

德鲁克首先反驳了"发展中国家对跨国公司很重要"这个假设，认为发展中国家既不是重要市场，也不是重要的利润创造者。他认为仅仅依靠跨国公司不能推动发展中国家的发展，如果发展中国家是一辆汽车，那么跨国公司只是汽车的启动按钮。跨国公司在全球配置其产业链，拥有最大化利用全球资源的能力，这可能是促进发展中国家融入世界经济体系的最积极因素。对于试图跨越国界来整合生产的跨国公司，必须赋予其在发展中国家子公司的管理层更高的决策权限，来处理当地复杂的经济、金融、政治和劳工关系。德鲁克肯定了跨国公司在经济领域的创新性，认为跨国公司的出现是世界经济兴起的征兆，而世界经济的兴起是大多数发展中国家的希望所在，限制全球化只会带来恶果。因此，发展中国家应该借助跨国公司的力量，积极融入全球化。

5. 日本成功的背后

德鲁克发现日本的劳资关系和其他发达国家的不一样，大规模罢工十分罕见，看上去劳资关系很和谐。实际上，日本的劳资双方矛盾尖锐。还有一个现象是，日本公众和产业对产业政策的影响力要强于日本政府，这与美国的情况有所不同。

日本和西方的本质区别之一是利益群体思考问题的角度和出发点不同。在美国，受个人主义文化影响，不同的利益群体都从他们自身的利益、需要和愿望出发，这限制了他们从国家整体角度出发采取行动的能力；而日本不同的利益群体在制定各自领域的政策时，主动承担了倡导国家政策的责任。德鲁克深入解读了日本产业界所谓的"关系"本质上是一种"责任"，日本的企业家有责任去理解其他群体的观点、行为、假设、期望和价值观，同样也有责任让自己的观点、行为、假设、期望和价值观被其他人了解，这就是"关系"。时任美国杜邦公司首席执行官的夏皮罗认为他自己只有五分之一的时间用于企业管理，其他时间则用于维护各种关系。而日本企业家认为他们几乎百分之百的时间都用于维护关系。日本人维护关系的目的不是解决问题，而是相互理解，以便在问题出现后知道去哪里寻求解决方案。

德鲁克认为，日本的成功在于日本提出了正确的问题：在一个复杂的现代社会里，在一个大型组织必须在竞争和对抗中共存的社会里，在一个根植于并依赖有着激烈竞争和迅速变化的世界的社会里，应该制定怎样的规则？此外，德鲁克认为透过日本的艺术发展可以看出日本人感知日本和外部世界之间独特关系的能力，这种能力推动了日本的经济发展。日本人善于掌握外来事物的本质和基本结构，能将引进的文化"日本化"。

评论

《迈向经济新纪元》的一大特点是它关注当时社会面临的问题，如经济发展乏力、环境危机、人口老龄化、新科技的影响等，该书是作者在这些方面深入思考的结晶。该书也关注了经济全球化、跨国公司治理、发展中国家建设等议题，德鲁克与此有关的很多见解在今天已经得到证实。

该书主要探讨了 20 世纪 70 年代美国社会和经济的状况、问题以及未来发展方向。德鲁克认为，彼时社会正处于一场深刻的变革风暴中，经济、商业、组织和个人之间的关系正在发生结构性的变化。他强调管理者需要跳出已有的框架，理解变化的本质，以便更好地应对未来的挑战。此外，德鲁克还从文化和社会视角出发，对 20 世纪 70 年代日本经济腾飞的原因进行了深入探讨。

该书成书的背景是第二次世界大战后美国社会处于变革和分裂的转折点。当时，美国深度介入全球各地的热战，引发了石油危机和经济危机，一方面，科技快速发展，城市建设、工业制造、消费品产业繁荣发展；另一方面，经济发展停滞、环境污染严重、国际贸易竞争激烈、失业率持续上升。因此，德鲁克对美国当时经济社会存在的问题进行了深入思考，并且关注到了日本经济的飞速发展，对日本经济创造"奇迹"的秘密进行了实地考察，试图为美国各类组织的生存和发展提出解决方案。德鲁克在该书中呈现了很多独特的思考视角，对彼时流行的被广泛认同的观点中存在的错误进行了有理有据的反驳，他的批判性思维值得学界以及产业界学习。除此之外，德鲁克对自己的很多观点持谨慎态度，这体现出他很强的学术求真风格。该书还引用了很多案例作为论点的支撑，方便读者从更广泛的知识领域出发，更好地理解作者的观点。

阅读指南

虽然 12 篇学术论文的主题不同，但所蕴含的价值理念一脉相承，读者可以从头阅读，全面理解作者对社会生态问题的思考和研究；也可以挑选自己感兴趣的章节进行专题阅读，深入了解某一主题的具体内容。时过境迁，该书在很多方面仍然值得读者细细品味。首先，尽管由于时代的变化，该书的部分内容在今天看来可能存在偏颇之处，需要读者加以甄别，但德鲁克在书中呈现出的分析问题的独特视角、广阔的格局以及对问题的深入探究仍然值得读者学习；其次，德鲁克坚持从源头出发，注重通过调研、实践和实证分析形成自己的理论体系和知识体系，这是当下人们应该认真学习和传承的优点；最后，读者在阅读时可以与当下"世界百年未有之大变局"的加速演进结合起来进行理解和分析，继续发挥该书的价值。

── 彼得·德鲁克语录[⊖] ──

1. 资本代表着未来。它是对未来的风险、不确定性、变化和就业所进行的准备。
2. 科技管理也将不再是一项交给研发部门的技术人员去完成的独立的活动，它将变成管理的核心任务。
3. 跨国公司的出现只是世界经济兴起的征兆，可以预见的是，限制它们只会使现状恶化。
4. 当一项工作成为一张入场券时，它就会变得越来越形式化。它会越来越关注满足需求，而不是产出成果。

⊖ 本章语录中的内容引自机械工业出版社 2021 年版《迈向经济新纪元》。

时代变局中的管理者

THE CHANGING WORLD OF THE EXECUTIVE

导言

《时代变局中的管理者》是德鲁克写于 20 世纪七八十年代的一系列文章的合集。该书的写作背景深深根植于 20 世纪 60 年代末至 70 年代初的经济、社会和技术变革之中。在那个时期，全球经济呈现出前所未有的增长和繁荣，同时也面临着一系列挑战，包括石油危机、通货膨胀率上升，以及冷战时期的紧张局势。这些外部环境的变化迫使组织和企业家重新考虑和调整他们的管理实践和战略。德鲁克在该书中集中讨论了管理者在快速变化的环境中面临的关键问题和挑战，旨在为经理人和企业领导者提供一个全面的管理框架，帮助他们应对不断变化的环境。

《时代变局中的管理者》是德鲁克关于 21 世纪管理挑战的先见之作，标志着管理实践与理论的重大革新。德鲁克准确地预见到了知识工作者在现代经济社会中的核心作用及其对组织结构、管理策略及企业文化产生的根本变革。他指出，在全球快速变迁的经济背景下，传统管理方式难以应对新挑战，企业需要具备创新力、灵活性及战略远见。德鲁克还着重讨论了企业社会责任与伦理，拓宽了管理学边界，将企业成就与其社会贡献紧密结合，敦促管理者平衡经济利益与社会责任。他倡导的自我管理理念，为看待个人职业发展提供了新视角，他鼓励个体作为自身职业生涯的主宰，持续学习，适应变化，并依据个人价值观做出决策。这不仅能够激发个人成长，促使个体取得职业成就，也为组织实现人才发展提供了新策略，指引管理者与个体在变化中寻求成长机遇与自我价值的实现。因此，《时代变局中的管理者》可以成为管理者理解当代管理挑战、指导个人和组织应对未来变化的重要参考和灵感源泉。

概述

在《时代变局中的管理者》中，德鲁克通过深刻洞察，提出了面对 21 世纪的挑战，管理者和组织需要关注的关键要点与主题，并对知识工作者的管理、组织的适应性与变革、战略规划的重要性、社会责任与伦理以及自我管理的重要性进行了深入分析。

对于知识工作者的管理，德鲁克深入探讨了知识工作者对现代经济的重要性，指出他们已经成为推动经济增长和创新的关键力量。与工业时代的传统工作者相比，知识工作者具有更高的教育水平、更专业的技能以及对工作自主性和创造性更高的要求，他们的工作更依赖于思维能力而非体力，因此，传统的管理方法和激励机制往往难以适用，管理者需要对知识工作者采取全新的管理策略，包括提供更多的自主权、鼓励创新思维以及建立基于成就和专业成长的激励体系。管理者应该致力于创造一个能够促进知识共享和团队协作的环境，同时关注知识工作者的个人职业发展和满意度。为了充分发挥知识工作者的潜力，德鲁克提出管理者需要采取更为个性化的管理方法，识别每一位知识工作者的独特需求和优势，并据此设计工作任务和职业发展路径。这不仅能提高知识工作者的工作效率和创造力，也有助于维护其工作热情和忠诚度。

对于组织的适应性与变革，德鲁克认为在全球化和技术进步不断加速的现代社会，外部环境的快速变化对组织提出了前所未有的挑战。为了生存和发展，组织不仅需要具备对变化快速响应的能力，还必须在其核心运营中嵌入灵活性和适应性。这意味着组织必须能够灵敏地调整其战略方向、运营模式和管理实践，以适应市场、技术和社会的新需求及挑战。这种对灵活性和适应性的需求背后，体现的是持续创新和变革的必要性。组织需要塑造一种持续创新的文化，鼓励创新思维，支持新想法的实验和实施，以及对失败予以包容和理解。此外，德鲁克指出，变革不应仅仅被视为一项应对策略，而应该成为组织运营的一个持续过程。这意味着组织需要定期审视和调整其业务流程、组织结构和管理策略，确保它们能够有效地支持组织的战略目标，并应对外部环境的变化。变革管理成为一项关键能力，涉及领导力、员工参与、沟通策略和风险管理等多个方面。

对于战略规划的重要性，德鲁克深刻阐述了战略规划在应对快速变化的市场和技术环境中的重要性。他认为，为了在竞争激烈且不断演化的全球经济中保持竞争力，企业必须拥有超前的思维和预见性。这意味着企业不能仅仅依赖经验和直觉进行决策，而应该基于深入的信息分析和知识洞察来规划未来。德鲁克强调，有效的战略规划不仅涉及对当前市场条件的分析，而且涉及对未来趋势的预测和准备，包括识别新兴的市场机会、技术进步、社会变迁以及潜在的竞争威胁，并据此制定灵活的长期目标和策略。企业需要建立一个能够持续收集和分析信息的机制，以确保其战略规划能够反映最新的市场和技术发展情况。此外，德鲁克还提出，战略规划应该是一个动态的过程，能够适应环境的变化。这表明企业不仅要制订计划，还要定期审视和调整这些计划以应对新挑战、把握新机遇。企业应该培育一种战略思维文化，鼓励创新思维和适应性思维，以确保其战略不仅符合实际而且具有前瞻性。

对于社会责任与伦理，在德鲁克的视野中，这一概念被提升到了企业战略的核心位置。德鲁克不仅看到了企业追求经济效益的传统目标，还深入地探讨了企业如何在实现经济目标的同时，积极承担起对社会的责任，关注其活动对环境、社会和人类福祉的长远影响。他认为，企业的真正成功不仅体现在财务报表上，更体现在企业对社会的正面贡献上，包括促进可持续发展、提高生活质量和支持社区发展等方面。德鲁克强调，企业领导者应该坚守伦理和价值观，确保其决策和行为不仅符合法律要求，而且符合社会道德和伦理标准，从而在增强企业长期竞争力的同时，赢得公众的信任和尊重。

对于自我管理的重要性，德鲁克认为，在不断变化的世界中，个人不仅是职场的参与者，更是自己职业生涯的设计师和管理者。这一思想强调了个人在职业发展过程中的主动性和自主性，鼓励个人不断学习新技能，适应变化的环境，并根据自己的价值观、兴趣和职业目标做出明智的决策。德鲁克认为，通过自我管理，个人可以更好地把握职业机会，发挥个人潜能，同时也能够为所身处的组织和社会带来更大的价值。他提倡建立一种终身学习的态度，培养适应性、创造性和领导力，这些都是个人在快速变化的世界中获得成功和满足的关键。

评论

《时代变局中的管理者》是德鲁克对 21 世纪管理实践的全面展望，深入分析了在不断变化的商业环境中，经营者和组织需要采取的策略和行动。该书体现了德鲁克对管理学传统理念的挑战与更新，他不仅提出了问题，更提供了一系列解决方案和工具，这对任何一位管理者或决策者来说都是无价的。

德鲁克对知识工作者的重视和对转变管理方法的论述令人印象深刻。他以高瞻远瞩的视角深刻揭示了在知识经济时代，传统的管理模式已经难以契合这一新兴的劳动群体。他洞察到知识工作者的独特价值和需求，提出了管理者需要转变思维方式，采用更加灵活和富有激励性的方法来激发创造力和生产力。这种管理上的革新不仅要求对工作环境和组织文化进行重新设计，还要求管理者自身具备更强的包容性、前瞻性和学习能力。通过建立一种基于信任和相互尊重的工作关系，促进知识共享和团队合作，德鲁克的建议为那些面临知识工作者管理挑战的组织提供了实质性的指导。这些观点不仅在理论上具有创新性，在实际操作层面上也具有极高的价值，因为它们直接对接了当今最为迫切的人力资源管理问题，即如何在快速变化的商业环境中有效利用和发展组织内部的最宝贵资产——人才。

《时代变局中的管理者》对当今中国企业的管理实践也具有重要的启示意义。随着中国经济的发展和全球化进程的加深，德鲁克的管理理念为中国企业家和管理者提供了一个应对新挑战、把握新机遇的思维框架。书中对知识工作者的管理、组织变革的必要性以及战略规划的前瞻性等话题，对于处在经济转型关键时期的中国企业尤为适用。在这个过程中，企业需要创新并灵活地调整管理策略，以适应快速变化的国内外市场环境。德鲁克强调的社会责任理念，鼓励中国企业在追求经济效益的同时，积极承担社会责任，助力构建和谐社会。在个人层面，自我管理对中国的年轻专业人士而言，是一条提升个人竞争力、实现职业发展的明智路径。该书为中国特有的社会经济背景下的实践问题提供了解决的途径，其深远影响可见一斑。

该书理论深邃，同时极具前瞻性和实用性。它不只是管理者的指南，也是任何一个希望在这个不断变化的世界中找到自己定位的人的宝贵资源。

阅读指南

　　《时代变局中的管理者》通过五个部分的论述，系统性地探讨了从宏观经济到企业管理，再到非营利组织和个人职业发展等多个层面的管理问题。每个部分的每一章都针对特定的主题进行了详细的分析和讨论。该书的结语部分则关注了商业伦理问题，作为对全书内容的思考和总结。这本书试图回答一个长久存在却又十分紧迫的问题：管理者如何更好地理解和履行不断变化的世界所赋予的新职责？

　　鉴于该书为德鲁克一系列文章的合集，每个部分之间的连贯性不强，读者不妨先聚焦于自己感兴趣的章节深入阅读。如果对"管理自己"十分感兴趣，试图通过以身作则来"管理他人"，那么可以先看该书的第一部分"管理者的日程"；如果想要突破用利润来衡量企业经营盈亏的局限，明晰经营绩效的本质，那么可以先看该书的第二部分"经营的绩效"，其中包括"利润的错觉""为什么消费者行事不合理"等你可能感兴趣的章节。简言之，可以先看看每个部分的简介，根据自己的兴趣决定章节阅读顺序。

　　德鲁克的写作风格清晰，理论深刻。建议读者在阅读时不要急于读完，而是要细细品味，反复思考。很多时候，书中的一个案例或一个观点可能会启发你对于问题的全新理解。此外，当你读到书中提出的问题时，不妨停下来，也问问自己对这些问题的思考。德鲁克善于提出那些能够激发深度思考的问题，这些问题往往能帮助你更好地理解管理的本质。

　　该书是一个管理实践的宝库，不仅提供了丰富的理论知识，还能激发读者对管理艺术的深入思考。通过细致的阅读和深入的思考，希望读者能够从中获得宝贵的见解，并将这些知识应用到自己的职业生涯中去。

彼得·德鲁克语录[○]

1. 管理者的首要工作是使他所在的组织运行良好。成果始终存在于组织外部。组织内部只会产生成本。

2. 管理绩效在很大程度上意味着做好当前的工作从而为未来做好准备。而且，这是最需要衡量（或起码是评估）管理绩效的领域。

3. 对于任何做出远超"职责要求"的真正的非凡贡献之人，无论其职衔如何，都应该获得一笔巨额的额外奖励。每个组织都需要有相当于国会荣誉勋章或维多利亚十字勋章的东西。

4. 利润与社会责任之间不存在冲突。赚足够的钱来支付真实成本（只有用所谓的利润才能支付）是一种经济和社会责任（实际上这是企业特有的经济和社会责任）。企业要赚到足够的利润以支付资本的真实成本、应对未来的风险、满足未来工作者和养老金领取人的需求，做到这些的企业不是"剥削"社会的企业。没有做到这些的才是"剥削"社会的企业。

5. 企业伦理很可能被称为伦理时尚，而非伦理——实际上，它更可能被视为一种炒作，而非哲学或道德。

○ 本章语录中的内容引自机械工业出版社 2023 年版《时代变局中的管理者》。

最后的完美世界

THE LAST OF ALL POSSIBLE WORLDS

导言

"现代管理学之父"彼得·德鲁克一生著述颇丰，作为管理学研究的先驱引领着后人的步伐。然而，《最后的完美世界》却一反他其余著作的管理内蕴，以浪漫主义的细腻笔触勾画出一个个鲜明多变的角色，他们在1906年的伦敦街头奋力挣扎。同时，德鲁克以现代主义的笔锋对时代进行了批判。该书的字里行间亦充斥着对第一次世界大战发生前的欧洲社会的怀念及追忆，那是德鲁克所认为的有序美好的、虽有不足却在名为"创新"的正确道路上行进的完美世界。德鲁克通过四名主要人物的内心独白，表达了他在反战、人性、创新、女性崛起、夫妻相处等多方面的个人思考。

概述

《最后的完美世界》是德鲁克首部自称为小说的作品。该书的第一篇以索别斯基亲王为主要人物，讲述了他与妻子玛吉特、私生女亨里埃塔、情人约瑟法等次要人物之间的故事。该篇主要着墨于索别斯基亲王作为外交官对战争的思考，这反映了德鲁克的反战思想。第二篇的主要人物是银行家辛顿，他的恩师黎曼所传授的"集合"思想贯穿了整篇内容，该篇主要讲述了辛顿在银行业的成长之路以及他在白月光伊莱恩和个人自我实现之间的挣扎。德鲁克以辛顿的人生思索论述了数学的冷酷性，并着重探究了当时欧洲社会的发展路径。同样身为银行家的莫森索尔是第三篇的主要人物，他与辛顿一起创办了伦敦-奥地利银行，并得到了索别斯基亲王对银行的大笔投资。在该篇中，德鲁克借莫森索尔邀请宾斯托克加入银行管理层的情节内容，论述了人才管理的重要性。有关莫森索尔与其女儿苏珊娜的故事出现在第三篇的末章，德鲁克先生在这部分内容中表达了他对女性的重视以及对女性主义的支持。

《最后的完美世界》的前三篇均以主要人物为名，而第四篇则以舒伯特的《致音乐》为名。拉斐拉·沃尔德-莱夫尼茨男爵夫人的回忆构成了相对独立的最后一篇。德鲁克讲述了拉斐拉及其丈夫亚瑟的经历。两人曾一见钟情并爱得热烈，后又渐归于平静。女儿玛丽亚的病亡使他们的感情濒临崩溃，疏离和陌生横跨在这对夫妻之间。所幸玛丽安朵的出现，让拉斐拉找回了与亚瑟相处的舒适状态，两人重回当初。德鲁克以拉斐拉-亚瑟和玛丽安朵-莫森索尔两对夫妻的对比，表达了他关于夫妻相处之道的观点。

德鲁克在前言中明确表示《最后的完美世界》中的人物都是虚构的，但假如说他们有任何意义，则是因为他们俱是芸芸众生中的一员。故此，书中的人物均非扁平的，而是立体、多面、复杂的，如同时间洪流中被作者随机挑选出的幸运儿。而有关成长、变革、人性、权利、公民意识等话题的思辨，则伴随着德鲁克对旧社会传统观念的无声反抗，散于字里行间。

评论

　　《最后的完美世界》是德鲁克出版于 1982 年的作品，彼时的欧洲大陆历经两次世界大战，德鲁克有见及此，在书中借索别斯基亲王之口传达出他坚定的反战思想，如"战争就是外交的失败""战争必将带来社会秩序的崩坏和混乱"，以及"现代战争涉及大批征募而来的军队，对整个社会来说都过于危险；对战败国而言，战争的唯一后果就是礼仪和社会约束力彻底崩坏，而这种恶果如同瘟疫一般，很容易就会传染给战胜国"。他认为"一战"前的欧洲社会就是"最后的完美世界"，所有的群体和阶级都能各得其所，不至于兵戎相见，陷入内战。德鲁克指出，发动战争必须具备的三个条件是"钱，钱，还是钱"，而实现和平大业，需要的却是"时间，时间，还是时间"。遗憾的是，战争不可避免，社会的平衡被好战分子打破，一切有价值的事物伴随着平衡性、多元性、包容力和选择权的失去被湮没在炮火之中，人类文明陷入漫长的重建时期。

　　在重建文明的过程中，德鲁克批判了过去腐败的官僚主义，揭露了暗藏在权力下的污秽。他借亨里埃塔之口对德雷福斯案件进行了这样的评价："真相嘛，要不了几年就会公之于众的。知道内情的人太多了，纸里包不住火。但是那帮将军们可承担不起翻案的后果……所以下级军官必须得使劲嚷嚷，嚷得比他们还响，要不然就是对国家不忠诚，他的事业从此也就完啦！"下位者盲目地顺从上位者的决策，察言观色以确保自己的阳关大道。德鲁克以此讽刺了那些高高在上的掌权者们，他们憎恨铁路，唯恐铁路会带来颠覆社会的思想。"然而思想是无论如何都挡不住的，一阵轻风就可以把它们吹送到四面八方。"德鲁克以银行业为例，认为如果要像 19 世纪上半叶的商业银行家那样成功经营银行业务，在 19 世纪下半叶，就需要一种很不一样的经营方式，需要吸收新兴中产阶级的资源，通过迅速发展的国际贸易和投资来创造财富，或者至少也要适应这一发展趋势。而普罗大众亦应与时俱进。因为战后的欧洲就像一副巨大的肠胃，"贪婪地吞咽着非工业化世界的产品，城市人口爆发性发展，迅猛发展的制造业需要越来越多的食品、纤维、金属和工业材料"。

德鲁克同样关注到女性思想启蒙、女性地位上升以及女性主义崛起的趋势。书中的人物勒娜特说："为了给孩子换取面包而出卖身体的妓女会得到人们的怜悯，可她终归还是个妓女。"女性需要觉醒并独立，拥有属于她们的力量并将其灵活运用。德鲁克认为，随着时代的发展，愈来愈多的女性将成为大学生，她们将不再只能成为街边的女店员，依靠兼职卖笑去挣到足够的生活费。在"致音乐"一篇中，玛丽安朵和她丈夫的地位是平等的，这打破了拉斐拉从小所受的"少说多听，方为淑女"的教育的束缚，让她学会了谈心及倾诉，发出独属于女性的声音。她开始成为自己思想的主宰和一个独立的个体，而不仅仅是某人的妹妹、某人的妻子、某人的母亲。

阅读指南

《最后的完美世界》是德鲁克少有的文学作品之一，它讲述了那些被历史尘封的人与事。

德鲁克认为《最后的完美世界》在结构上像是一部小型室内乐作品，如同一曲四重奏，索别斯基、辛顿、莫森索尔、拉斐拉四名主要人物的故事构成了乐章的主旋律，而其余人物的小篇幅故事则与其相呼应。该书一共四篇二十二章，所需的阅读时间不长，建议读者可以抽出一个下午的时间，穿越时空，品读曾"发生"在 20 世纪初的欧洲的故事。

彼得·德鲁克语录[一]

1. 我不相信单凭一次秘密的握手，再加一个法学或经济学的硕士学位，就能让人从此生活在人间天堂里。

2. 其实外交与经营一份庞大的产业颇为相似，只不过前者属于公众领域，而后者属于私人领域罢了。

3. 不要去确定问题，而应构建集合。

4. 他放弃数学也是因为数学不能解释真正重要的东西：男人、女人及其行为方式、痛苦、喜悦、思想和情感等。

5. 假如你雇用的人使你变得富有，那么你最好能让他过得宽裕。

6. "青年人视为希望的，老年人却当作回忆。"……希望会变，而且变起来很快，但记忆会隽永留存。

7. 无论是普通的桥梁还是高架桥，最终的检验都是看它对野外景物或城市风光会起什么作用。一座桥梁要是设计得好，其标志就在于它能使周围的自然景观展现出最优美的风貌。

[一] 本章语录中的内容引自机械工业出版社 2019 年版《最后的完美世界》。

行善的诱惑

THE TEMPTATION TO DO GOOD

导言

彼得·德鲁克的著作中仅有两部是小说,《行善的诱惑》是其中之一。该书讲述了一名领导者出于行善的本能冲动,对不称职的教职工动了恻隐之心,使一次人事任免惹出了一系列不可收拾的后果。最终,不仅学校因迅速扩张而埋下的隐患浮出水面,其他诸多矛盾和冲突也一起爆发,这位强势自信、叱咤风云的领导者也失去了一贯的镇定和风范,甚至对自己所从事的工作失去了信念。面对最终的危机,人人都互相指责,互相埋怨,却无一人挺身而出收拾烂摊子。

该书出版于1984年,比起德鲁克其他讨论管理学理念的著作,该书把关注点放在了人性和理性的抉择上。当组织的目标和行善的信仰发生碰撞时,领导者是该寻求本心的纯粹还是坚守管理的尺度?德鲁克通过一场"咖啡杯里的风暴"阐述了管理的深刻奥义,即管理要坚守原则。他同时也对复杂的人性进行了深入的探讨和思考:行善是一种本能的冲动,然而领导者由于肩负着管理组织和引导下属的使命,需要在冲动之外冷静思考自己的所谓"善行"对组织使命和愿景的影响,思考自己究竟应该承担怎样的角色和职责。

概述

　　《行善的诱惑》所讲述的故事发生于 20 世纪 80 年代，以一所天主教大学管理层中发生的"诽谤"事件为主线展开。海因茨·齐默曼神父是一所天主教大学——圣杰罗姆大学的校长，为使这所学校从默默无闻的教会学校发展为一流的名牌大学，他付出了巨大的努力。海因茨有着远大的抱负和清晰的头脑，他在向教务处处长提建议时，明确表示"必须制定出正确的目标，力求将我校办成一所一流的天主教'大学'，而不是一流的'天主教'大学"。其过人的战略思维可见一斑。除了眼光长远外，他还有出色的前瞻性和判断力，在做决策时坚决果断，用人时更是不拘一格，任人唯贤。尽管学校是一所天主教学府，但他力排众议，招聘了异教徒、犹太人和无神论者，并用事实证明了自己的知人善任。从各个角度来看，海因茨都是一位卓越的管理者。此外，他也是一名虔诚负责的神父，这就意味着海因茨需要平衡学校内天主教职员和非天主教职员之间的矛盾。然而这一微妙的平衡实难维持，终于，海因茨遇到了大麻烦。

　　圣杰罗姆大学化学系的教员霍洛韦三年前被招聘入校任教，然而三年内他在科研和教学上都表现平平，经过化学系各教授和系主任的讨论，最终决定终止与霍洛韦的聘用合同。然而，这一举动却引起了骚动。霍洛韦及其太太登门抵制海因茨的决定，并指责海因茨续聘非天主教教员。霍洛韦太太的撒泼并没有起效，但垂头丧气、失魂落魄的霍洛韦却触动了海因茨的恻隐之心——"但是，作为一名神父，或者也许仅仅作为一个基督徒来说，他不是也有责任去减轻那个名叫马丁·霍洛韦的可怜灵魂的痛苦，将他从自我憎恨的泥潭中拯救出来吗？"怀揣这样的信念，海因茨给哈里特·比彻·斯托女子学院的校长麦克洛夫人打了一通电话，向她推荐了霍洛韦，希望能够为霍洛韦谋得一个教员的职位。然而，正是这一在"行善的诱惑"下拨通的电话，给海因茨带来了无穷无尽的麻烦。

先是霍洛韦太太写来了一封信，在信中怒斥圣杰罗姆大学辞退她的丈夫而提拔异教徒，并污蔑校长海因茨与他的助理爱格妮丝有着非同寻常的关系。有关海因茨的谣言开始在学校内流传，尽管大家都知道海因茨有正直清白的品格，只关注自己利益的教员们却没有一个人站出来为他澄清。教务处处长欧文·瑞特和心理医生伯格维茨都是海因茨的好友，但出于控制事态发展的考虑，他们也决定等海因茨自己站出来澄清。然而，一直以来秉公行事、洁身自好的海因茨被这样一封无理取闹的信震惊了，他开始反思自己，钻牛角尖，以往的自信从容离他而去，他无法再像之前那样心境澄明地对待助理爱格妮丝，也失去了站出来为自己辩解的勇气。

与此同时，海因茨向女子学院推荐霍洛韦的事也在学校内引起了轩然大波。非天主教教员、系主任伯格兰德认为，海因茨罔顾化学系的意见向麦克洛夫人推荐霍洛韦体现了他对系主任的不信任。诽谤信和推荐电话成了导火索，引燃的是圣杰罗姆大学各层级领导者之间和领导者与教员间的权力关系及权责归属问题的矛盾。海因茨陷入了茫然的沉默中，他缺席了系主任会议，精神被彻底压垮了。

教区主教奥马利打算给大学制造外部困难，使大学内部的派别能够重新团结起来。正在这个当口，州民权委员会主席去世了，而海因茨校长的经历和身份正巧适合这个岗位。圣杰罗姆大学里的所有派系和教区领导开始不约而同地为实现海因茨校长能够当选新的州民权委员会主席这一共同目标而各自行动。最终海因茨卸任校长，担任了州民权委员会主席这一无法创造价值的职位。

从始至终，海因茨也没有成功地为自己发声。但他的卸任的的确确避免了丑闻的升级，主教奥马利及其秘书汤姆·马提尼暗中助力将他调任到州民权委员会担任主席，勉强给这场风波画上了句号。然而汤姆由于目睹了海因茨校长在管理岗位上遵从"行善的诱惑"的糟心后果，拒绝了升职的机会，选择做一名基层牧师。

评论

故事结束时，圣杰罗姆大学的前途依然悬而未决。然而书中改革派提出的建议却值得我们深入思考：要求成立教职工行政委员会，该委员会对教职工和课程相关的一切事务享有最终决策权，有权处理系内纠纷、向学校董事会提出建议，等等。这些建议实质上是对组织分权的要求。尽管海因茨一直在管理、建设和发展圣杰罗姆大学上游刃有余，但要实现他理想中的"一流大学"目标，势必要牺牲部分人的利益，在集权和分权上保持微妙的平衡。海因茨的一个小小"善举"，使他的力量不再强大，教员们被遏制的野心也逐渐膨胀，原有的管理体制分崩离析。从这样的情节安排中不难看出：高层管理者的每个决定都应谨慎，如果听从内心的本能和冲动，就很容易在管理原则上犯错误，从而牵一发而动全身，造成组织上下的失衡。

然而，泰勒的科学管理理论将每个个体看作"经济人"和"理性人"，忽视个体精神上的需求，这已经在后续的理论发展中得到了反复纠正，纯理性的科学管理理念是完美的，但也是困难重重的。书中的海因茨神父不失为一名合格的管理者，然而他的"神父"身份使他无法抵抗内心深处"行善的诱惑"，无法在处理问题时从组织的视角出发，从这一角度来看，他是失败的、落魄的。可是从人性管理的角度来看，信仰天主教的海因茨神父无愧于自己所担负的神职，他在名誉受到威胁时深刻反省自己，坚守自己的信念，因此他又是一名富有人情味和魅力的领导者。

在故事的最后，尽管海因茨没能力挽狂澜，却有许多年轻人在他的影响下改变了自己的人生选择：曾经想通过辞职来保护海因茨的名誉并公开爱情的秘书爱格妮丝选择了担任圣杰罗姆大学的副校长；曾经充满自信的心理医生伯格维茨意识到生活里不只有病人，还有罪人，进而确认自己必须有信仰；前途无限的主教秘书汤姆·马提尼放弃了高升的机会，选择做一名基层牧师或回归家庭企业。这些迥异的选择是管理危机的余波，每个人独立的选择也带给读者不同的感受和思考。

阅读指南

作为一名杰出的管理学家，德鲁克在《行善的诱惑》中从管理学角度出发，对故事的脉络和发展进行了深刻的剖析与阐释。同时，该书以探讨人性为主题，通过对人性多方面的观察和洞悉，体现了德鲁克对人类社会复杂生态的独到见解。他在这个流畅、紧凑、精彩的故事中制造了人性、利益、宗教信仰与社会环境的激烈碰撞，书中对角色思想与行为转变的细微描写引人深思，情节设置跌宕起伏，环环相扣。从书中我们不仅能感知人性的复杂，思考个人的深层价值，还能体悟作者的管理学思想。无论是管理学界的专家、学者，还是管理学爱好者、评论员，抑或是对管理学缺乏了解的读者，都可以阅读这本浅显易懂、意蕴深厚的小书。

该书所需的阅读时间不长，预计 3～4 小时可以读完。由于该书讲述了一个完整的故事，建议在阅读时一气呵成，这样能更好地将身心投入其中，感受故事的跌宕起伏和书中人物的情感变化。

此外，由于中西文化差异，书中存在部分与宗教、神学相关的故事背景描写，因此推荐读者在阅读时随时记录笔记或查阅资料，了解书中部分词语的具体含义，从而对故事背景及全貌有更深入、全面的了解。

在读完该书之后，读者可以对德鲁克的其他著作进行扩展阅读，如

《卓有成效的管理者》《经济人的末日》《认识管理》等，以便更好地了解作者的管理学思想和作者本人的经历，从而对书中的人物设定和情节走向有更深刻的体悟。

彼得·德鲁克语录

1. 因此，为了能够吸引最优秀的教师和最优秀的学生，圣杰罗姆大学必须首先将办学重点放在一流的大学上面，其次才能是一所天主教的大学。

2. 作为行政管理人员，在涉及培训、发展和晋升机会时，必须要将组织中的每个人都考虑在内。

创新与企业家精神

INNOVATION AND ENTREPRENEURSHIP

导言

德鲁克的《创新与企业家精神》一书撰写于 20 世纪 80 年代，这是一个全球经济和技术格局深刻转型的时期。当时，随着经济全球化的加速发展，国际贸易和资本流动日益频繁，企业面临着来自世界各地的激烈竞争。这种竞争不仅推动了技术的快速进步（尤其是在信息技术和通信技术领域），也促进了新的商业模式和经营理念的产生。同时，产业结构的转变，特别是服务业的兴起和制造业的全球重新定位，对企业的经营策略和组织结构提出了新的要求。

在这样的背景下，德鲁克洞察到了创新和企业家精神对于企业乃至整个社会经济发展的重要性。他认为，面对快速变化的市场和技术环境，仅仅依靠传统的管理方法和经营模式已经不足以维持企业的竞争力和生存能力。因此，他在《创新与企业家精神》中提出了一套系统性的创新管理框架，旨在帮助企业识别和利用创新机会，培养和强化企业家精神，以适应并引领市场的变化。

该书深刻地阐述了创新和企业家精神在现代管理实践中的核心地位和作用。通过提供一个系统化的创新框架，强调企业家精神的普遍重要性，以及介绍具体的管理策略和工具，这本书不仅促进了管理理论的发展，也为企业应对快速变化的市场和技术环境提供了实用的指导。该书的价值在于其对组织在产品、流程、结构以及文化层面进行全方位创新的推动作用，以及它对培育支持创新和企业家精神的组织文化的重视，这些思想为促进组织的持续成长和提高其竞争力提供了重要的资源和灵感。

概述

《创新与企业家精神》是管理学领域的里程碑式著作，集中探讨了创新和企业家精神在推动组织和社会发展过程中的核心作用。该书围绕如何系统地理解和实施创新，以及如何在各种组织中培养和维持企业家精神展开论述。

德鲁克强调创新并非偶发事件，而是一个可以通过识别和利用机遇来实现的有序过程。德鲁克特别指出，创新的机会不仅来源于技术进步，更广泛存在于社会和经济的各个层面。他细致地分析了创新的七个机会源：①意外事件，指在日常运营中偶然遇到的意外情况或结果可以成为创新的起点；②不协调事件，即当实际情况与预期存在偏差时，这种不协调可能揭示新的创新机会；③流程需求，要求关注内部操作和流程中的痛点及效率问题，它们往往能激发重要的改进创新；④产业结构和市场结构变化，从产业结构的转变到市场需求的演变，都是寻找创新机会的肥沃土壤；⑤人口统计特征变化，人口的年龄、分布、教育水平等方面的变化为产品和服务的创新提供了方向；⑥感知变化，指人们对事实的理解和解释方式在不断变化，以新的角度看待问题能够激发出创新的火花；⑦新知识，科技的发展为创新提供了工具和可能性，而新的知识领域的开拓则扩展了创新的视野。通过对这些创新机会源的详尽阐述，德鲁克不仅丰富了我们对创新的认识，更为组织提供了一套寻找创新机会和进行创新实践的具体方法论，强调了在不断变化的环境中，系统地理解和追求创新的重要性。

德鲁克还强调了成功创新背后的纪律性过程，这一理念突破了传统上认为创新仅凭灵感和偶然性的观点。德鲁克提倡的纪律性创新过程，是一套结构化且系统化的方法论，旨在将创新视为一种可持续的、有组织的努力，而非一次性事件。这个过程从识别和跟踪创新机会开始，涵盖了对潜在创新项目的细致评估，涉及对市场需求、技术可行性、财务状况以及与组织战略的契合度的评估。随后，精心选择的创新项目将进入实施阶段，这要求组织拥有强大的项目管理、资源分配以及跨部门协作的能力，以确保创新计划能够有效执行。最终，纪律性创新过程还包括对创新成果的评估，以确保所实施的创新项目能够为组织带来预期的效益，比如增强市场竞争力、提升效率或开拓新的收入渠道。这一过程不仅需要明确的策略和规划，还需要组织文化的支持——鼓励创新思维、容忍失败并从中学习。德鲁克的上述观点，为现代组织提供了一个实现持续创新的可行框架，他强调创新不是偶然性产物，而是可以通过纪律性的方法和流程，系统性地培育和实现的。

关于企业家精神，德鲁克认为，企业家精神不应该仅仅局限于创业者或商业界，而应该是一个跨行业、跨领域甚至跨文化的普遍适用的概念，它体现为追求创新、主动寻求改变、敢于承担风险和把握机会。这种精神是推动经济发展、社会进步和个人成长的关键动力。德鲁克深刻阐述了创新与企业家精神之间不可分割的联系，认为二者的结合对于任何组织的成长和成功都至关重要。德鲁克指出，企业家精神不仅推动个体和组织去积极寻找创新的机会，而且还激励他们将这些机会转化为实际的创新成果。换言之，企业家精神为创新提供了必要的动力和方向，而通过实现这些创新，企业家及其组织能够实现持续的发展并巩固竞争优势。德鲁克进一步探讨了如何在组织中培育一种文化，这种文化不仅支持创新的产生和实践，而且鼓励企业家行为，包括鼓励员工积极思考，勇于承担风险，持续寻求改进和优化。

在有关创新的战略性的论述中，德鲁克认为，创新不是一个偶发事件或单一项目的实施，而应当被视作组织战略核心的一部分，对于确保组织的长期生存和成功发挥着至关重要的作用。德鲁克深入探讨了创新的战略意义，强调了组织需要将创新视为其战略规划中不可或缺的元素。这要求组织不仅要在技术或产品上寻求创新，还要在商业模式、市场进入策略、客户服务以及内部流程等方面进行持续的创新努力。他指出，通过有效地将创新战略融入组织的整体战略规划中，组织能够利用创新来巩固和扩展其竞争优势，从而在日益激烈的市场竞争中脱颖而出。

总而言之，该书强调了创新和企业家精神对于任何组织生存和繁荣发展的重要性。德鲁克通过提供系统的框架和实用的指导，鼓励组织采取主动和系统的方式来管理创新，并培育一种积极寻求创新机会的文化。其核心思想在于，通过持续创新以及践行企业家精神，组织能够应对快速变化的环境，实现可持续发展。

评论

在阅读该书的过程中，我不禁深深地被德鲁克对创新过程的系统性理解以及他对企业家精神的深刻阐述所吸引。德鲁克在该书中提出的观点和理论，在当前充满挑战和机遇的社会现实中显得愈加重要。随着人工智能、大数据等技术的快速发展，我们正处于一个创新的黄金时代，企业和组织面临前所未有的挑战和机遇。德鲁克的观点为我们指明了方向，展示了如何在这一动态环境中寻找和利用创新机会。

德鲁克强调创新是系统性的过程，不应该局限于技术或产品的创新，还应该包括商业模式、管理实践以及市场策略等方面的创新。同样地，今天的数字化转型不仅要求技术上的革新，更要求企业在组织结构、运营模式、客户关系管理等方面进行全面的创新。德鲁克提醒我们，创新的机会无处不在，关键在于如何系统地识别和利用这些机会。

在实践层面，德鲁克关于企业家精神的讨论尤其引起了我的共鸣。他认为，企业家精神不仅仅是创业个体的特质，更是任何组织和个人都应具备的精神，这种精神体现为探索和适应的能力以及勇敢。对现代企业而言，培养和激发组织内部的企业家精神，鼓励员工积极参与创新过程，是实现持续增长和巩固竞争优势的关键。

如今，面对人工智能和自动化带来的就业市场变化、数据安全和隐私保护方面的新挑战，以及可持续发展这一全球性课题，德鲁克的理论提供了思考和应对的框架。它强调在变化中寻机、探索和创新的重要性，同时也提醒我们作为社会的一员，在创新的过程中不能只追求经济效益，还要考虑社会责任和伦理道德。

阅读指南

《创新与企业家精神》全书主要分为以下三个部分：第一部分，创新实践，聚焦于创新的本质、类型和来源，详细介绍了创新的七大机会源，为读者提供了一套系统性识别和利用创新机会的框架；第二部分，创业实践，探讨了企业家精神的本质、重要性及培育方法；第三部分，创业战略，深入讨论了如何将创新和企业家精神的理念转化为实际的策略和行动。

德鲁克通过丰富的案例研究、历史分析和实践经验分享，将抽象的理论概念具体化，使读者能够清晰地理解创新和企业家精神的概念，有助于读者将其应用于实际情境中。该书语言清晰、逻辑严谨，既适合学术研究，也适合商业实践者阅读和参考，它可以为希望通过创新和企业家精神来驱动成长和发展的个人与组织提供指导。

建议读者按照这三个部分的顺序逐一阅读，每读完一部分，便可以尝试总结该部分的核心观点和个人收获。例如，对于该书第一部分中的创新的七个机会源，读者可以画一幅思维导图，以明晰每个机会源的意义，并借助书中对应的案例深入思考与探索自己所处的环境中是否存在类似的创新机会。德鲁克在书中提供了丰富的案例研究，请试着思考这些案例背后的原理，以及这些原理可以如何应用到自己的管理情境中。

• 彼得·德鲁克语录[⊖] •

1. 创业并非局限于经济机构。

2. 从数学的角度来看，"杯子是半满的"与"杯子是半空的"毫无差异。但这两种陈述方式所表达的意义完全不同，产生的影响也完全不同。如果普遍感知从将杯子看成"半满的"转变为看成"半空的"，那么就会有很多创新机会。

3. 在当前这个快速变化和追求创新的时代，企业（尤其是大型企业）如果没有创业能力将无法生存。

4. 在社会、技术、经济和人口等领域快速变化的时代里，公共服务机构必须学会将这些领域的转变视为机会。否则，它们将成为阻碍。

5. 创业柔道需要一定程度上的真正创新。一般来说，仅仅以较低价格提供同样的产品或服务，是远远不够的。它必须与现有事物有所区别。

⊖ 本章语录中的内容引自机械工业出版社 2023 年版《创新与企业家精神》。

管理前沿

THE FRONTIERS OF MANAGEMENT

导言

20世纪80年代，世界格局的多极化在新的历史条件下开启了其新的发展进程。经济方面，世界经济领域生产规模越来越大，市场竞争越来越激烈，为了扩大市场和最大限度地利用能源，大企业兼并的现象越来越盛行，同时，区域集团化趋势明显，促进了世界格局的多极化。

世界政治经济格局不断变化，对政府、企业、第三部门等产生了深刻影响，面对瞬息万变的外部形势，组织如何理解世界的新现象？如何构建自己的新角色？如何走向21世纪的新目标？这些问题都可以在彼得·德鲁克的《管理前沿》一书中找到答案。

德鲁克在该书中提到了他对洞察新现象的看法。他始终认为，当下的极少数事件能够预示长期的重要变革，奏响新世纪到来的乐章。洞察这些事件，并在此基础上重构组织的角色和目标，是制定成功的商业策略的基础。

德鲁克曾言："预言未来并不重要，重要的是透彻地观察现今出人意料的新发展，探求它们为未来的道路做出了什么样的准备。"《管理前沿》不仅是对20世纪80年代美国的管理实践的深度剖析，更是对未来管理趋势的前瞻性思考，展现了德鲁克作为现代管理学之父影响深远的管理智慧。

概述

　　《管理前沿》一书共四个部分，收录了德鲁克于 1982～1986 年所写的"酝酿性"文章和评论，它们大部分刊登于《华尔街日报》《公司》《外交》《哈佛商业评论》《福布斯》等知名报纸和杂志，展现出德鲁克对经济、人、管理、组织四个领域内对未来具有重大影响的事件的洞察。德鲁克试图通过这些文章和评论让政府、企业和非营利组织的管理者了解如何制定有效的组织战略规划和发展目标。

　　经济领域的变化会影响管理的基本判断。20 世纪 80 年代，世界经济的基础构造已经发生了根本性变化：原材料经济和工业经济脱钩，这对经济、社会政策和经济理论产生了深远影响；制造业的生产与就业脱钩，这导致知识与资本加速取代体力劳动，知识密集型产业兴起，知识工作者成为劳动力的重心；实体经济转向符号经济，两者不再紧密结合而是渐行渐远。面对世界经济发生的剧变，德鲁克认为，国内经济政策只有在获得具有优势的国际竞争地位的前提下才能取得成功。德鲁克用日本、联邦德国的经济崛起证明了这一观点。

　　组织的运转离不开组织的内部人员，因此，对管理者来说，合适的人员选拔至关重要。关于如何做出正确的人事决策，德鲁克提出了以下几点基本原则：对任命进行周详考虑，对职务的描述长期不变，考虑潜在的若干人选等。德鲁克认为，做出正确的人事决策是妥善管理一个组织的根本手段。在涉及具体职位的问题上，如怎样衡量白领工作者的生产率，德鲁克提供了三种手段：①统计一种新产品或新服务从成功开发到进入市场所需的时间；②统计与竞争者相比，特定时间内成功引入的新产品或新服务的数量；③统计一定产出所必需的辅助性工作人员的数量。对于一线监督员的没落、超龄管理者的安置、管理者的薪酬过高等问题，德鲁克认为都需要根据实际情况制定相关的政策，重新思考解决方案。

除了组织内的人员问题，组织的管理也产生了新变化，需要决策者重点关注。随着政治、经济、社会各领域的新现实出现，新的管理问题也随之产生，事实上，这些问题源自管理自身的巨大成功。把管理与工商企业混为一谈的观点已经过时，管理已经成为重要的社会职能。除此之外，工会的地位和管理面临重大挑战，德鲁克认为，要想改变工会逐渐被时代抛弃的窘境，需要工会领导者主动采取措施，设计有助于改善工资和福利的新概念和新政策。

在组织自身的新现实方面，德鲁克以他专业的经济与管理视角，回顾了恶意收购、兼并、解体等世界范围内组织行为的典型案例、深远影响和未来启示。除此之外，创新型组织、零增长企业和自动化对会计系统的影响，都是组织领域的管理前沿课题。

评论

"我们无法左右变革，只有走在它前面……在一日千里的结构性调整浪潮中，唯一能够幸免于难的只有变革的引领者。"德鲁克指出了组织管理者在关心组织内部之外的一项重要任务——洞察变革并走在变革前面。

《管理前沿》就是这样一本经典著作。该书囊括了 35 篇评论文章，呈现了德鲁克早在 20 世纪 80 年代就敏锐观察到的管理新现象，这些新现象敲响了新世纪到来的钟声，也理应成为组织管理者重新审视内外环境的警钟。

根据时效性的不同，书中的评论文章可以分为两类。时效性较强的文章所描绘的变革可能在文章发表后的十年内就会应验，而时效性较弱的文章则更能彰显出德鲁克在管理领域的前瞻性——这些文章呈现了管理领域中部分经久不衰、风靡至今的基本准则，如管理者进行人事选拔的原则、管理的意义和管理者的责任等。

在管理理论和方法不断完善的今天，仍然有许多因素会对组织和管理者产生冲击。在充满不确定性的乌卡时代，国际政治形势、经济发展趋势和信息技术冲击等都会对组织的管理和运营产生影响，过去积累的经验和能力并不能保证新时代下的成功。《管理前沿》为 21 世纪的管理者提供了观察和应对变革的理论引领和实践指导。在理论层面，《管理前沿》汇聚了德鲁克关于管理的定位、职能、意义的核心思想，将管理视作组织运营不可或缺的部分，并强调了洞察变革从而酝酿新知的重要性。在实践层面，《管理前沿》的内容涉及政治、经济、技术、管理等多个领域，体现了德鲁克作为"社会生态学家"的知识之渊博，更能够为世界范围内的政府、国际组织、企业、工会、高校等各类机构提供应对新现实的实践指导。德鲁克在该书中提出了许多发人深省的问题，它们有的已经得到了解决，有的是管理者仍然需要斟酌考虑的。回答好这些问题，《管理前沿》的实践意义就真正得到了体现。

阅读指南

《管理前沿》由四大部分构成，每个部分都包括若干篇独立的文章，该书还收录了作家汤姆·里奇曼对德鲁克的一篇采访和德鲁克的一篇后记。

基于德鲁克于 1997 年撰写的再版前言，并结合以下对该书的解读，将有助于你更好地理解德鲁克的思想。

在第一部分"经济"中，第 1 章"转变后的世界经济"描绘了世界经济的基本趋势，宣告世界经济已经与大多数人认为的"正常"背道而驰。第 12 章"当代先知：熊彼特还是凯恩斯"描述了两位伟大的经济理论家对商业活动的实践与探索，让读者能更好地理解新的世界经济和大多数人相信的经济现实存在哪些根本差异。第 2 ~ 11 章聚焦具体的经济现象，如货币风险管理、崛起的日本和联邦德国的经济、跨国企业的经营等。

在第二部分"人"中，第 13 章"选拔人才的基本原则"是一篇经得住时间检验的文章，它告诉管理者进行人事决策的基本规则是怎样的。第 14 ~ 19 章中，除了第 16 章，其余文章都关注了劳动性质的变化（从体力劳动到知识性劳动）及劳动人员的转变。第 16 章和第 20 章分别关注了管理者薪酬过高的危害和素质教育的重要性，这些话题在当今世界仍然是社会热点，从中足以窥见德鲁克的远见卓识。

在第三部分"管理"中，头尾两章聚焦管理前沿并指出了管理的意义所在——"管理是一种新的机能、一种新的规律、一种新的职业"。第 22 ~ 24 章时效性较强，预测了公司结构的巨大变化，比如减小规模、机构扁平化。第 25 和 26 章提出了工会发展的问题和应对建议。工会正在被时代潮流所抛弃，为了生存，工会必须重新思考自己的定位并制定战略。

在第四部分"组织"中，德鲁克用较大的篇幅（第 28 章）讨论了恶意收购者，它们彻底改变了美国的商业面貌和经济根基，并逐渐在世界范围内产生影响。第 29 章讨论了企业成功兼并的五条原则，指出不应只用财务而非业务原则来判断是否应该进行兼并。第 30 章介绍了创新型公司对新设想、研究预算和创新工作的卓越认识。第 31 章则为如何管理零增长企业，包括发展缓慢的学校、医院等非企业性组织提出了建议。第 32 章讨论了为什么自动化会带来利润，并指出了自动化对会计系统和制造流程及其成本结构的影响。第 33 章深入介绍了 IBM 公司的老托马斯·沃森过人的远见，如他对"数据处理"和"信息"的预见，以及他对新管理方式的创造与实践。第 34 章讲述了贝尔系统的解体如何影响了美国的政治经济。第 35 章聚焦于企业社会责任、企业如何面对技术与人口的变化，以及如何应对劳动力短缺和失业率增长的矛盾问题。

彼得·德鲁克语录[⊖]

1. 如果没有一个广阔的创业型经济土壤，高科技企业就行不通。

2. 高科技企业就像是高山之巅，它必须坐落在大山之上：这座大山就是遍布在整个经济和社会中的中等技术、低端技术和非技术性创业企业。

3. 做出正确的人事决策，是妥善管理一个组织的根本手段。

4. 管理使组织免于成为乌合之众。它是一种有效的、能使组织一体化的、赋予组织生命力的器官。在一个组织的社会中，进行管理成为重要的社会职能，而管理层则成为建设性的、决定性的、特定的社会器官。

5. 每多出一个管理级别，就会带来更多的僵化，使决策过程变得更慢。信息论里有一条规律：信息的每一次"中转"（也就是多一个"级别"），都会使传递的信息量减半而噪声加倍。

6. 以信息为基础的组织绝不是自由散漫的：它讲求纪律。它要求果断有力的领导……尊重个人表现，又要求企业中从一线监督员到高层管理者，都具有自我约束能力和强烈的责任感，这就是以信息为基础的组织所需要的领导。

7. 企业的终极目的不在于赚钱。赚钱只是生存的必需品，也是企业绩效的一种结果及其测量办法，但赚钱本身并不是绩效……企业的目的在于创造客户并满足客户，这就是绩效，也是企业赚钱的最终目的。

⊖ 本章语录中的内容引自机械工业出版社 2019 年版《管理前沿》。

管理新现实

THE NEW REALITIES

导言

组织的管理和发展需要领导者对未来的情况进行预测，但未来并非当下情况的简单延伸，它充满了随机性和不确定性，组织所处国家的政治、经济、军事、文化等多方面都可能出现难以预测的情况。

1989 年，站在 21 世纪即将来临的重要节点上，德鲁克出版了《管理新现实》。德鲁克认为，20 世纪下半叶发生的各种事件已在很大程度上确定了未来三四十年甚至更长时期内要面对的重要问题，《管理新现实》正是对这些重要问题进行探讨的成果。

如果站在 21 世纪的视角阅读该书，我们可能难以领会到德鲁克的犀利目光，因为书中的很多"预测"早已成为现实。然而立足于该书初版问世的 20 世纪末，我们就能从书中领略到"跨越时空"之感，目睹德鲁克如何洞察现实中的未来因素，将分水岭后的新现实一一描绘。

当今世界正处于百年未有之大变局，经济全球化遭遇"逆流"，国际政治格局加速演变，世界多极化、文化多元化、社会信息化的程度不断加深。面对如此动荡和复杂的国际形势，准确地立足过去、理解现状、预见未来是组织管理者和决策者必须具备的素质和能力。《管理新现实》所论述的不仅是立足当下的管理，更是面向未来的管理，它有助于管理者在不断变化的环境中理解并适应新现实，从而引领组织成功转型和持续发展。

概述

《管理新现实》探讨了政治、军事、经济、生态、社会等多个领域出现的新现象，并力图阐明一个核心问题：政府、大学、企业、工会和教会等组织的管理者在制定决策时，需要考虑已经出现的未来因素。德鲁克从以下几个方面阐述了管理的新现实。

（1）政治的新现实。1965～1973年，世界跨越了一个历史分水岭，抛弃了过去形成的政治信念、承诺和联盟，进入了全新的政治领域。社会拯救信念曾是西方政治活动中最为活跃的主要驱动力和最引人瞩目的政治组织原则，现在已然式微；而另一政治组织原则——通过共同的经济利益来整合社会经济阶层的效果也越来越差。国际形势上，苏联内部的民族问题导致其解体势在必行，这对其他国家也是一大挑战；军事上，军备不再是政治的工具，而是被视作破坏性的代表，国防和军备的功能需要重新评估。

（2）政府和政治过程的新现实。在新现实的驱动下，需要思考政府应该做什么和政府能够做什么。政府活动的特征决定了政府职能（政府运作、赋税和开支、获取收入）的局限性，而具有单一目标的新型多元化组织的出现对政府和政治过程构成了重大挑战。在政治过程中，政治领导人的魅力不应被需要和推崇，它不能把国家和人民带向新现实。

（3）经济、生态和经济学的新现实。世界经济呈现出新的主要特征、挑战和机会。以美国的经验为例，原材料经济和工业经济不再相关，企业已经从多国经营转向跨国经营，跨国经济是由资金流动驱动并形成的。全球各国的经济发展呈现巨大差异，经济发展是不平衡的、具有高度选择性的，因此需要全新的经济政策和模式。现有的经济理论难以解释近年来的经济现实，新的经济理论仍待创建。

（4）知识社会的新现实。这一领域的新现实变化远比政治、政府或经济的新现实变化大。所有发达国家都在向知识社会转变，表现为社会重心转向知识型员工，知识成为获取工作和机会的通行证等。在知识社会的背景下，两种反传统文化，即蓝领阶层的衰落和第三部门的出现，将对社会产生重大影响。典型的大型组织将会精简管理层，信息型组织应运而生。此外，新现实下的管理在世界范围内成为一项崭新的社会职能、一种博雅技艺。最后，知识社会对教育和受教育者也提出了新要求。

评论

如果在 1989 年，有人公开发表苏联即将解体的言论，那么他一定会遭受非议，彼得·德鲁克也不例外。《管理新现实》出版后，因其中一篇文章对苏联解体的"妄言"，招致了许多评论者对该书"荒谬"的评论，其中就包括亨利·基辛格博士。然而，1991 年苏联解体，有些评论者将该书视作一本"预测未来"的书，但这并不是德鲁克写作的初衷。

诚然，身处 20 世纪 80 年代，谁能够大胆预测 ChatGPT 的出现和蓬勃发展？谁能够预测经济全球化的前进和倒退？谁能够预测世界局部战争的形势愈演愈烈？我们将《管理新现实》视为"预言书"，但德鲁克想要传达给组织管理者的是"让 21 世纪基于信息的知识型组织的决策者问对问题"。

当前，我们正在经历着前所未有的世界之变、时代之变、历史之变。在政治形势方面，全球地缘政治格局出现了新的结构性对抗和冲突；在国际经济方面，全球经济活动普遍放缓，世界经济前景不容乐观；在技术冲击方面，人工智能、大数据、区块链等新兴技术的突破性发展，促使信息与数据成为新型基础性生产要素，并推动数字经济超越了自动化、信息化阶段，进入数智经济时代。

德鲁克曾言："你无法预测未来，但可以创造未来。"阅读该书，我们能够发现，迎接未来的最好方式不是预测，而是基于对过去和现状的充分认知与分析，制定好当下的管理决策。

《管理新现实》结构清晰，条理分明，笔触沉稳，以旁观者的立场为读者描摹了一幅清晰的未来画卷，包含政治过程的变迁、国际政治形势的变化、全球经济的起伏等内容，以及组织管理者和决策者面临的重大问题，是一本立足现实、洞悉未来的经典著作。

阅读指南

《管理新现实》由四大部分共 16 章组成，每一章都讲述了其所属部分宏观领域内的具体新现实。在行文上，德鲁克通常以"历史事实—产生背景—现实具象—针对问题"这一模式来呈现一个新现象。以第 3 章"罗斯福时代美国的终结"为例，文章首先追溯通过经济利益进行整合这一政治组织原则的源头（罗马共和国时期），其次对这一政治组织原则得到创新、完善、影响力达到顶峰的历史进行介绍，再指出该原则在应对 20 世纪 80 年代美国社会新现实时的落伍和效果低下，并对其原因进行分析，最后提出问题，即还没有适合知识型员工的政治基本原则和政治整合出现。

下面我将结合该书每一部分的重点内容，为不同的读者提供不同的阅读指南。

第一部分"政治现实"探讨了 1965 ～ 1973 年这一历史分水岭之后，政治现实发生的变化。对于世界政治、历史和国际形势的爱好者，建议重点阅读该部分。尽管这已是发生在"遥远"过去的政治事件，但跟随德鲁克卓越的洞察力去感受历史的演进，有助于以更独到的视野静观当下的世界变化。

第二部分"政府和政治过程"探讨了政府职能的局限、社会多元化的特征和影响以及政治领导力。对于对社会热点和政府行政关注颇多的读者，建议重点阅读本部分。德鲁克对政府活动特点的分析、对政府职能局限性的阐述、对新型多元化组织崛起的预见，都有助于读者更深入地理解社会和政府的运作。

第三部分"经济、生态和经济学"主要探讨了跨国经济和跨国生态的特征、经济发展的不平衡以及亟待创建的新经济理论。

第四部分"知识社会"主要论述了后商业社会的出现、两种反传统文化、信息型组织的发展、管理职能的变化以及知识基础对教育的新要求。建议所有企业管理者都精心阅读这两部分内容，企业的发展和运营与经济形势（无论是本国经济还是跨国经济）息息相关，与知识社会的发展密不可分，与管理实践紧密相依。

• 彼得·德鲁克语录[⊖] •

1. 社会形势、社会行为和社会问题都是非常复杂的，远非一个正确的答案所能解决。如果要予以解决，通常需要几个方案，而其中没有一个是非常完善正确的。

2. 过去是贸易驱动投资，而现在则是投资驱动贸易。接近或"充分感受"市场成了决定因素，而这就需要立足市场，进入市场，并

⊖ 本章语录中的内容引自机械工业出版社 2019 年版《管理新现实》。

占领市场份额。

3. 在知识型员工的价值体系中，企业价值观是次要的，甚至是可能会影响其业绩的障碍。

4. 管理……是"博雅"（liberal），因为它关切的是知识的根本、自我认知、智慧和领导力，也是"技艺"（art），因为管理就是实行和应用。管理者从各种人文科学和社会科学中——心理学和哲学、经济学和历史、伦理学，以及从自然科学中，汲取知识与见解……他们必须把这种知识集中在效能和成果上。

5. 我们的教育体系几乎还没有让学生准备应对他们将生活、工作和取得成效的现实。

6. 我们需要各种不同的规模，但不同的任务需要不同的规模和不同的生态系统。

非营利组织的管理

MANAGING THE NON-PROFIT ORGANIZATION

导言

非营利组织将成为继政府和企业之后维持社会平衡和稳定的中坚力量。作为一种正在崛起的社会力量，它正处于一种全球性的"结社革命"中。

在德鲁克的《非营利组织的管理》之前，几乎没有为非营利组织量身定做的领导和管理理论。大多数管理理论都是为满足企业管理的需要发展而来的，很少关注非营利组织与众不同的特征或特殊的关键性要求，很少关注其与企业以及政府机构的使命的重大区别，很少关注究竟什么是"非营利组织工作"的成果，很少关注其出售服务和获得运营资金的策略，也很少关注其因大量依赖志愿者导致无法推行强制性命令而引起的机构改革和调整所面临的种种挑战等。该书旨在探讨非营利组织管理的重要性和方法，体现了德鲁克在长期研究和为非营利组织提供咨询服务的基础上总结出的经验和观点。

"徒有善意不足以移山，要用推土机才行。"在非营利组织的管理中，使命与计划代表"善意"，策略就是"推土机"，而策略能将使命转化成具体的结果。对于非营利组织的管理者，阅读该书可以让人参透一些管理的理念和价值观。

概述

该书主要内容分为"首先确立使命：领导者角色""从使命到成果：市场营销、创新和基金发展的有效战略""绩效管理：绩效的定义与测评""人力资源与关系网络：职员、董事会、志愿者和社区""自我发展：个人、管理者和领导者"五章。

在第 1 章中，德鲁克介绍了非营利组织的特点和面临的挑战，强调了使命的重要性，探讨了领导者在这一过程中承担的角色和责任，确定了非营利组织的发展背景及其在社会中的地位。本章内容具体包括：①非营利组织的独特性，指明了非营利组织与商业组织的区别，以及非营利组织的特殊性质对管理的影响；②使命的重要性，明确了使命对组织成功的关键作用，展现了使命在引领组织发展和塑造组织文化中的意义；③领导者的角色，指出了领导者在确立使命过程中的作用，以及领导者需要展现的品质和技能。

第 2 章主要介绍了如何将组织的使命转化为有效的成果，着重探讨了市场营销、创新和基金发展等方面的战略对于非营利组织的重要性。市场营销战略的核心在于非营利组织要通过市场营销来传播使命、提高知名度和吸引支持者，以实现组织目标。创新管理强调了创新的重要性，要求非营利组织探索如何通过创新来不断改进服务、实现发展。基金发展战略则与如何有效筹集资金、管理资源，确保组织的可持续发展和成长有关。

第 3 章探讨了如何制定有效的绩效定义和测评策略，介绍了绩效管理的背景和作用，强调了绩效管理对于组织的发展和成功的重要性。德鲁克在这一章论述了以下几点内容：①绩效的定义与衡量，涉及如何明确定义绩效，以确保绩效指标与非营利组织的使命和目标相一致，以及如何使用定量和定性的方法来衡量绩效并评估组织的绩效表现；②绩效管理策略，介绍了制定有效的绩效管理策略的关键要素，以及如何设定清晰的绩效目标、制订具体的行动计划并建立持续改进的机制；③绩效反馈和激励，解释了如何及时为员工提供准确的绩效反馈，并设计激励机制来激发员工的积极性和创造力；④绩效管理的挑战与解决方案，涉及非营利组织在绩效管理过程中可能面临的挑战，以及如何解决这些问题，确保绩效管理的有效性。

第 4 章探讨了如何制定战略来管理员工、董事会、志愿者和社区等资源，介绍了人力资源管理和关系网络建设对非营利组织的重要性及其在实现组织目标和使命方面的作用。其主要内容包括以下几点：①人力资源管理，涉及如何有效地招聘、培训、激励和留住优秀职员，以满足组织的需求，以及如何确保组织内部的人力资源体系与非营利组织的使命和目标保持一致；②董事会管理，涉及如何建立强大而有效的董事会，包括董事会成员的任命和培训，定期会议的组织与议程设定，以及培养管理者监督组织战略的执行与做决策的能力；③志愿者管理，涉及如何招募、培训和激励志愿者，使其在工作中发挥最佳作用，以及如何建立良好的志愿者管理体系，以提升志愿者的参与度和组织的社区影响力；④社区关系管理，涉及非营利组织如何与社区建立良好的关系，包括建立合作伙伴关系，进行沟通与互动，以及积极参与社区事务，以推动组织发展和扩大其影响力。

第 5 章探讨了如何制定有效的战略来提升领导者的能力、管理技巧以促进其个人成长，介绍了个人和管理者的自我发展对于非营利组织的重要性及其对组织的发展和成功的影响，以及领导者如何制定职业发展战略，包括规划职业道路、寻找晋升机会、自我推销和发展关系网络等方面的策略。

评论

《非营利组织的管理》是非营利组织管理领域的经典之作。德鲁克在书中清晰地阐述了非营利组织与商业组织的区别，强调了非营利组织明确其使命和目标，追求社会价值和福祉的重要性，这能引发读者对非营利组织所面临的管理挑战以及如何根据其独特性制定有效的管理策略的思考。在该书中，德鲁克强调了绩效管理对于评估组织目标实现情况、激励员工以及持续改进绩效的重要性，并提出在非营利组织中，建立清晰的绩效管理体系是确保组织高效运作和持续发展的关键因素。

德鲁克还探讨了领导者自我发展的重要性，并提出了关于个人成长、管理者技能和领导能力的实用建议。在非营利领域，领导者不仅需要具备管理技能，还需要不断学习、成长和适应变化，以更好地引领组织走向成功。同时，建立积极的组织文化，与社区建立良好的关系对于非营利组织的长期发展至关重要。

《非营利组织的管理》就像迷雾中的灯塔，为非营利组织的管理者指明了方向，为实现组织的使命提供了行之有效的管理方法，也为我国非营利组织领域的实践者和研究者提供了有益的参考。

阅读指南

该书分为 5 章，涉及内容甚广，不仅包含德鲁克对 20 世纪 80 年代全球政治经济的洞察，还涵盖很多实例，需要读者结合具体的时代背景加以理解。因此，在阅读该书之前最好对当时的政治、经济环境有一些初步的了解。

彼时全球化进程的加速使得国际交流与合作更为频繁，非营利组织作为跨国合作的重要参与者，在全球化背景下发挥着越来越重要的作用。德鲁克在书中通过对比不同国家的非营利组织实践，强调了全球化时代非营利组织面临的挑战和机遇，并通过分析历史，强调了非营利组织在解决社会问题、推动社会进步方面的独特作用。

此外，德鲁克常常通过提问来启发读者思考，例如他提出，要问"我们所面临的机会和需求是什么？这些机会和需求是否适合我们？我们的行动措施是否合适？我们是否具有竞争力？机会和需求是否与我们自身的优势相匹配？"等问题，这可以让读者在阅读的过程中同步思考，进而激发读者的主动性，增加他们的思考深度。

如果读者对非营利组织的基本概念、特点和运营模式有基本的了解，就能更好地理解德鲁克在书中所提出的观点和建议。非营利组织管理是一个不断发展和变化的领域，建议在读完该书之后，持续关注该领域的最新动态和研究成果，以保持与时俱进。同时，为了更好地理解该书内容，可以采用个性化的阅读方法和工具，如制订阅读计划、使用思维导图工具、举办读书沙龙等，从而加深对该书知识的理解与认识。

• 彼得·德鲁克语录[⊖] •

1. 始终保持竞争力、随时准备调整变革和永不骄傲自满，这是在成功之际所要做的。
2. 制定战略，首先需要确定使命，然后再形成工作计划，最后还需要运用正确的方法（即一系列工具或材料）来加以支持。
3. 非营利组织必须确定在每个关键领域的绩效。
4. 企业与非营利组织之间最大的差别，莫过于人力资源管理和关系网络管理的差别。
5. 自我发展的最佳方法可能是自我评估。

⊖ 本章语录中的内容引自机械工业出版社 2019 年版《非营利组织的管理》。

管理未来

MANAGING FOR THE FUTURE: THE 1990S AND BEYOND

导言

《管理未来》是德鲁克出版于 1992 年的一本管理学经典著作。

德鲁克洞察到 20 世纪末是一个快速变化和不断发展的时期，世界政治经济格局发生了巨大的变化。在政治方面，20 世纪末东欧剧变、苏联解体，美苏两极对峙格局结束，世界政治格局朝着多极化方向发展。在经济方面，第二次世界大战后，美国成为全球最大的经济体。然而，冷战结束后，世界经济格局发生了新的变化，形成了"一超多强"的局面，新兴经济体逐渐崛起，全球化进程加速，科技革新也不断涌现，深刻地改变了人们的生活方式。正是在这样快速变化的环境下，企业面临新的挑战和机遇，传统、刻板的管理模式和方法可能已经不再适用。因此，德鲁克在该书中深入剖析了未来管理的趋势和挑战，提出了许多前瞻性的管理思想和策略。他用自己丰富的实践经历和敏锐的观察力揭开了未来世界的神秘面纱，帮助企业和管理者在充满不确定性的时代找到新的管理思路和方法，以应对未来的挑战。

该书的核心思想是向读者阐述未来将发生什么变化，以及这些变化将对经济、人、市场、管理和组织产生什么影响。面对不断变化的环境，德鲁克主张企业和管理者应该以创新的方式解决问题，保持开放的心态，不断学习以适应新的形势。

概述

《管理未来》一书主要体现了德鲁克于 20 世纪八九十年代的一些真知灼见。在该书中，他试图向读者说明未来将发生什么变化，以及这些变化将带来怎样的巨大变革。外部环境对经济、人、管理、组织的影响是经理人员经常遇到的具体问题，因而"经济""人""管理""组织"构成了该书的四个部分。该书激励人们采取行动，捕捉新的机遇，并指出了哪些领域（流程与产品、策略、市场和组织结构）需要有所改变，在哪些方面需要采取行动以及如何行动，同时在哪些方面需要停止行动。

在"经济"这一部分中，德鲁克提到互惠将成为国际经济整合的核心原则，经济关系将越来越多地体现为贸易集团之间的关系，而非国家之间的关系。企业会通过联盟的方式将自己融入世界经济，企业界将经历数量最多、最为彻底的公司重组。德鲁克强调了知识对提高生产率和创新的作用，由于低成本劳动力的优势不再，这让管理成为竞争的关键因素。德鲁克还分析了美国、欧洲、日本、墨西哥、拉美等国家和地区从"二战"结束到 20 世纪 90 年代的一些政治变动及经济形势，并给出了建议和预测。

在"人"这一部分中，德鲁克提出，劳动力中新出现的核心群体——知识工作者和服务工作者的生产率问题，将成为发达国家企业管理者所要面对的最大、最严峻的挑战。他阐述了提高生产率的方法，还解释了何为企业领袖和有效的领导，以及蓝领工人地位下降的原因及影响等。

在"管理"这一部分中，德鲁克首先指出了未来管理者可能面临的一些挑战，包括管理层级以及普通管理岗位的大幅削减，企业不得不改变管理层的人事、薪酬和晋升政策，人们对管理层失去信心和信任等。其次，德鲁克提到，不仅要管理下属，还要管理上司。他提出了走动式管理的概念，指出要想预测流通渠道、顾客购买场所和购买方式的变化，就必须置身于市场中。他还强调了企业文化的重要性，提出企业重组是降低成本的唯一方法。最后，德鲁克提出了一个新颖的观点：非营利组织的实践和策略将成为未来企业界学习的典范，企业可以向非营利组织学习如何确立组织使命，如何有效运用理事会，以及如何管理知识型员工并提高其生产率等。

在"组织"这一部分中，德鲁克阐述了如何界定绩效和成果，如何衡量企业绩效，如何进行营销，什么是有效研发，以及在建立企业联盟之前的注意事项。他认为今后应强调适当的规模而不是一味追求大规模，并关注如何保持竞争力。

"如果不着眼于未来，最强有力的公司也会遇到麻烦。对所发生的事感到吃惊是危险的。哪怕是最大的和最富有的企业，也难以承受这种危险；即使是最小的企业，也应警惕这种危险。"德鲁克试图让管理者明白，如何为将来而不是为过去进行管理。帮助管理者在混乱、危险、快速变化的经济、社会和科技环境中采取行动和创造成果，帮助他们取得绩效，正是该书的目的和使命。

评论

在乌卡时代，世界百年未有之大变局加速演进，世界多极化、社会信息化、文化多元化深入发展，各国之间的联系日益深入。在这样不断变化的社会大环境下，该书中德鲁克的许多管理思想和方法依旧适用，能够帮助企业提升管理水平和竞争力。例如，该书从始至终都贯穿着德鲁克创新管理的思想，他认为系统地创新需要将变化视为机会，成功的创新是利用变化，而不是试图创造变化。创新和创造力是企业发展的命脉，是保持企业核心竞争力的关键，管理者应该解开"桎梏"，主动挑战现状并根据新变化提出新想法，而不仅仅是被动地应对变化。这对于管理者适应今天的社会现实至关重要。

为应对新挑战和把握新机遇，管理者除了要展现创造力还应该具备其他技能。在不断变化的环境下，有效管理者必须能够识别和利用机会，不断学习并且时时更新自己的知识基础。随着技术的快速发展和信息的爆炸式增长，管理者必须学会筛选自己需要的信息，提升管理效率。在如今这个知识经济时代，知识已经成为企业竞争力的核心，管理者需要建立有效的知识管理体系，促进知识的共享、创新和应用，以提升企业的创新能力和市场竞争力。

该书不仅仅是一本关于管理的书，更是一本关于未来的"预言书"。它提醒管理者，只有拥有更加开放的心态和更加敏锐的洞察力，才能抓住机遇、应对挑战。

阅读指南

该书除了前言和后记、访谈录之外，一共包含四部分内容，每一部分都是为了专门解决管理人员需要面对的某一方面的问题。除此以外，每一章从一开始就计划实现两个目标：其一，向天天忙于工作的企业管理者们解释，如何看待他们所处的这个瞬息万变的世界，这会影响他们的工作和绩效；其二，激励他们采取有效行动，并为他们提供相应工具。

在开始阅读该书之前，建议先阅读译者序、前言和后记，它们介绍了该书写作时的政治、经济背景，德鲁克的一些核心思想，以及该书的内容概要，可以帮助读者更好地理解该书的主要内容。读者在简要了解了著作内容之后可以思考一下自己阅读该书的目的，是想拓展知识面，还是想提升管理能力？是对该书的所有内容都感兴趣，还是只对其中某一部分特别关注？可以根据自己的阅读需求，有的放矢地进行阅读。

在阅读过程中，如遇到不了解的历史知识和案例，读者可以查阅相关资料加深对某一内容的理解，并且可以适当记录笔记和心得，以便后续回顾和总结德鲁克的管理思想和核心观点。同时，也可以将阅读过程中的疑问和感悟记录下来，与同事或朋友交流讨论。此外，读者还应该思考如何将书中的管理思想、方法与自身工作结合起来，提升自己的管理能力。

• 彼得·德鲁克语录⊖ •

1. 互惠将成为国际经济整合的核心原则。

2. 我们必须以生产率和创新这两座灯塔为指标。假如获得利润的代价是降低生产率或者没有创新，那么这些利润就不是真正的利润，而是在破坏资本。

3. 财富的来源是某种人类独有的东西，也就是知识。假如将知识应用到我们已熟知的工作上，则称为"生产率"；假如将知识应用在新的工作上，则称之为"创新"。只有知识可以帮助我们达成这两项目标。

4. 领导者最重要的任务是开发人的能力与远见。

5. 在运输与制造业中，提升生产率的关键是"工作"；在知识与服务领域中，关键则在于"绩效"。

⊖ 本章语录中的内容引自机械工业出版社 2018 年版《管理未来》。

生态愿景

导言

德鲁克曾说："我把自己视为一名'社会生态学家'，就像自然生态学家研究生物环境一样，我研究社会人文环境。"

德鲁克虽然作为"现代管理学之父"被大家熟知，但他也是一位对政治、经济、社会、文化皆有深刻洞见的观察者。作为一名社会生态学家，德鲁克将自己对许多领域的思考集结成《生态愿景》一书，力求在多个主题下阐明他作为旁观者的审视，并和读者一起探讨个人、社区、社会之间的关系。该著作可以称为德鲁克思想的高层次概括，它表明德鲁克并不是单一地看待管理或者管理现象，而是将其放入更大的背景中，结合政治、经济、社会等因素来思考政府机构、企业组织及管理在社会中发挥的重要作用。

概述

《生态愿景》收录了德鲁克于 1946 ～ 1992 年撰写的 31 篇文章，涉及政治、经济、管理、社会、艺术等议题，总结了美国、日本等国家的经验和教训。以下将通过五个主题对该书内容进行阐述。

（1）美国经验的深度审视。德鲁克指出，了解美国人的价值观和理念是理解美国政治的重要抓手，因为它们正是塑造美国的政治、经济、社会的内在决定因素。从美国政治来看，美国人对自由民主的追寻和多民族的融合统一即代表了一种政治意义。这种政治意义也体现在其独特的制度体系和思想观念上。例如，世俗化政府和宗教化社会的相互依存关系、美国的"宪政主义"原则、多元政制、对平等受教育权的主张、基于志愿行为的集体主义等。德鲁克认为福特代表了美国的"平民主义"，他消灭了原始工业主义的"垄断"，但带来了新工业体系中的政治和社会问题，如长期萧条、失业等。

（2）基于经济学的社会政治思考。德鲁克指出，经济学是为达成政治和社会目标服务的。虽然社会、政治等目标的实现需要围绕经济展开，但经济仅是政治观念、社会观念、社会价值的表达。对美国而言，经济是实现政治目标的手段，具有浓厚的政治作用，经济利益的调和成为解决政治议题、实现政治目的的重要方式。但是，并非所有议题均能通过调和经济利益而得到妥善解决。一些非经济议题，如奴隶制问题、外交和国际事务，则不适合通过经济手段来解决。

（3）管理在社会治理上的体现。德鲁克提出，管理并非局限于"工商管理""工商企业"，而是面向所有组织的。与此同时，管理是一种社会治理的手段，具备社会职能。管理是为达成个人、组织和社会的目标而存在并为其服务的。

（4）企业、工作、技术、信息等管理要素的探查。德鲁克从不同的侧面探究了各个管理要素对社会的影响。例如，针对企业中知识工作者的工作效率问题，德鲁克指出，知识工作者需要更聪明地工作，首先要界定工作任务，去除不必要的工作，然后思考确定工作的绩效类型，而不是简单地计数，最后进行专业的工作分析，并将其纳入整体的工作流程。对于技术要素，德鲁克认为要想了解工具和技术，必须先研究工作。工作、工具、组织之间是相互交织、相互影响的关系。

（5）日本经济、技术、文化的全面探究。德鲁克通过日本艺术观察到日本所具备的"顺从"和"独立"的极性张力。对于位列经济强国的日本，德鲁克发现其也面临多样的社会问题，如终身雇佣制带来的威胁增加、大学毕业生过剩、教育竞争压力增大等。

评论

作为一位社会生态学家，德鲁克致力于观察已经发生的变革，并深度审视这些变革的特征、实质和影响，以为后续决策提供坚实的基础。依循此原则，德鲁克在《生态愿景》一书中，不仅从宏观视角考察了政治、经济、社会、管理等大的议题，也从微观视角详细解读了管理的一些要素，比如工作、沟通的内涵和发展史。在这本书中，德鲁克引经据典，介绍了政治、哲学、历史等多学科相关的背景知识，而且针砭时弊，在考察当下发生什么的同时，提出更根本的思考。无论是在思考方式还是在观念观点上，该书均对现在的我们有非常重要的借鉴意义。以下就两个跟当下现实更为相关的话题进行评论。

第一个是知识工作者的效率问题。德鲁克在预见性地指出知识工作者将成为重要的人力资源之后，还提出了针对知识工作者的管理方式，包括识别真正的工作任务、去除不必要的工作、确定绩效类型等。这其实对于现在知识工作者的管理也具有非常重要的意义。当今时代，"狗屁工作""佛系""躺平""摆烂"等词，侧面反映出知识工作者还是一般职场人，在一定程度上也面临着意义危机。解决这种危机或问题的其中一个方法便是回归工作的本质，减少不必要的工作任务。德鲁克曾在写于30年前的文章中举例，指出医院的护士不得不用接近一半的时间从事与护理无关的工作，大学教师和工程师们花在各种会议上的时间增加，等等。在 30 年后的今天，类似的问题仍然存在。此时，回归工作本身，是我们首先要思考的重点。

第二个是日本社会结构问题对我国的启示。在该书中，德鲁克对彼时日本的社会情况进行了深度审视。对比现在的中国社会，很多思想可谓是他山之石，可以攻玉。比如，德鲁克谈到日本在社会结构调整时期，存在大学毕业生过剩、人口老龄化、教育竞争过度等一系列社会问题。目前我国也进入了追求高质量发展的阶段，高等教育普及，增长速度放缓。一方面，大学生就业压力持续增大，考"公"、考"编"成为部分人就业的首选，以应对"躺平""焦虑""抑郁"等情绪；另一方面，职场人也面临着更大的竞争压力，从"内卷""35 岁危机"等社会现象中可见一斑。针对日本出现的社会问题，德鲁克指出，"真正发挥决定性作用的无疑是在社会结构、社会政策和社会价值观层面"，这一观点同样适用于现阶段的中国社会。

阅读指南

该书分为 8 个部分共 30 章。每个部分聚焦一个主题，依次展开，相互独立又彼此联系。读者可以根据每一部分的主题选择自己更为感兴趣的部分阅读，并不需要太拘泥于阅读的顺序。

第一部分"美国经验"汇集了 5 篇文章，主要讲述了美国人独特的政治天赋、美国的多元政制及其内在多样性，并以两位著名人物——亨利·福特、IBM 的老沃森为例深入考察了美国政治和社会的生态。第二部分"经济学的社会维度"主要从政治、社会视角看待经济学，包含 5 篇文章，前 3 篇更多地从理论视角剖析经济学的政治、社会表达，后 2 篇则是对两位伟大的经济学家凯恩斯和熊彼特思想的深度解析。第三部分"管理的社会职能"包含 3 篇文章，分别围绕根据实践和现实对旧的管理假设的修正、管理得到部分认识后出现的新问题、作为管理的新领域的社会创新进行探讨。第四部分"企业的社会面"包含 4 篇文章，主要探究了企业的商业伦理现状、知识工作者的工作效率和工作质量的关系、彼时新兴的生产理论等。第五部分"工作、工具与社会"包含 4 篇文章，主要涉及工作、技术、工具之间的关系等议题。第六部分"信息社会"包含 3 篇文章，分别探讨了信息和沟通的性质、信息对社会的影响、基于信息的组织的定义及要求。第七部分"日本社会与日本文明"包含 5 篇文章，主要涉及从艺术视角看日本、日本的成功经验等。第八部分进行了总结，指出只强调社会是不够的。

• 彼得·德鲁克语录[⊖] •

1. 美国独特的制度体系及美国人特有的思想观念，是使美国与其他国家迥然不同的政治领域的具体体现。

2. 经济活动、经济制度和经济合理性的本身并不是目的，而是实现非经济目标（即人类和社会目标）的手段。

3. 要提高知识性和服务性工作的效率，首要的问题必须是"任务是什么？要实现的目标是什么？究竟为什么要做？"在此类工作中，提高效率最简单（但或许也是最根本的）的方法是重新界定任务，特别是要去除那些不需要做的工作。

4. 沟通是感知；沟通是期望；沟通是要求；沟通与信息是完全不同的，但信息是有效沟通的前提。

⊖ 本章语录中的内容引自机械工业出版社 2020 年版《生态愿景》。

知识社会

导言

德鲁克于 1993 年出版了《知识社会》一书，作为享誉全球的社会生态学家和管理学家，该书体现了他一贯的理念：作为旁观者来审视当下正在发生的事情及其原因，并思考后续如何有效地行动。即使他的许多见解在多年后得到了验证，德鲁克也称他并不是在预测未来，而是提出关键问题，创造大家一起探讨未来的可能性。《知识社会》一书聚焦于发达国家已经迈入的知识社会，采用新的视角来看待社会结构的变化和重组，审视知识社会、知识国家、知识本身所面临的挑战。书中所涉及的关于变革、知识工作者、社会责任、知识管理等议题不仅在该书出版时起到了关键的引领作用，而且对现在的管理实践也提供了重要且深远的借鉴。

概述

《知识社会》一书从社会、国家、知识三个主题深入探讨了知识社会中已经发生或正在发生的变革，试图描述、审视并思考其中的深度逻辑，尝试提出可能的行动方向。

（1）社会。从资本主义的发展历程来看，早期的资本主义发展到现代的资本主义的过程伴随着知识的意义及其用途的根本改变。具体而言，知识运用于生产工具的创新，产生了工业革命；知识运用于工作，引发了生产力革命；知识运用于知识本身，即为管理革命，知识成为最重要的生产要素。"组织"这种新型社会存在的出现，能够使知识更具生产力，使知识工作者更富有成效。组织不仅要服务于特定目标和任务的实现，而且要持续创新，才能成为社会变化的减震器。此外，知识社会的出现导致劳动力和资本面临更加多元化的问题和挑战，包括传统劳动力的减少、如何提升知识工作者的生产力等。在激发知识工作者的生产力方面，需要采用合适的团队类型，聚焦知识工作者的本职工作，对组织结构进行重组，以及将一些服务性工作外包出去。

（2）国家。在知识社会中，国家的政治体系变化带来了新的问题和挑战。19 世纪末，民族国家开始向巨型国家发展，巨型国家兼具社会机构的监督者、经济的控制者、财政的支配者和冷战的准备者等多重身份。然而这种巨型国家却并未成功，在收入分配方面也成效甚微；在财政支配方面，政府作为财政经营者导致政治腐败等现象层出不穷；在冷战准备方面，军备竞赛可能造成军事负担加重，从而抑制经济发展。在新的背景下，建立跨国机构成为可靠的缓解方法。在国际层面，区域主义即建立一个区域机构从而使各个国家能够分工合作，成为重要的现实。在国家内部，基于民族和文化多样性形成的部落主义也成为盛行的趋势。基于上述现实和背景，未来的政府需要具备非常全面的能力。对外，它需要具备全新的思维和创新精神，包括能够恰当地处理政府与跨国业务、组织等之间的关系。对内，它必须思考如何行动，包括放弃行不通的事，专注行得通的事以及分析成败参半的事。

（3）知识。在知识社会中，知识成为最重要的资源。然而，彼时并未出现以知识为财富创造中心的理论，例如，对不同的知识进行量化分析，建立模型以解释当前的经济状况。以知识为中心的生产力成为决定社会能否成功和整体经济表现的重要因素。使知识具备生产力，就需要在现有知识上实现融会贯通，包括先界定问题、对问题进行系统分析、正视"组织的无知"等。这对与知识密切联系的学校教育提出了新的要求，如使学生具备更高层次的学习能力，激发不同层次、不同年龄学生的学习动机，设计开放系统等。

评论

德鲁克聚焦于知识社会这一现象，在《知识社会》一书中从社会、国家、知识三个主题全面审视已经发生和正在发生的变革，并试图指出应对这些变革可能的方向。德鲁克在该书中叙述自身观点，旁征博引，针砭时弊，其作为"旁观者"的理念对我们有非常重要的借鉴意义。以下就书中的三种观点或方法进行评论。

第一，"整体"与"局部"结合的系统思维运用。在阐述知识社会相关的内容时，德鲁克先从历史视角探讨了知识社会的源起及其发展历程，随后分别探讨了知识社会的组成要素，如组织、知识工作者、团队等。在该书的第三部分"知识"中，德鲁克从知识、学校教育、知识人这三个方面解构了知识社会中与知识相关的议题，并提出了自身的看法。德鲁克这种系统全面地看待一个议题的逻辑方法，对于深入探讨任何事物和现象均是有所助益的。

第二，对创新的系统管理。德鲁克在书中强调了创新的重要性，详细描述了创新的方法，包括界定问题、对问题进行系统分析、正视"组织的无知"，等等。德鲁克指出创新是一个过程，认为在此过程中，界定问题可能比解决问题更为重要。在当今我国深入实施创新驱动发展战略的时代背景下，德鲁克对创新以及对创新过程的系统管理的强调仍具有非常重要的参考价值。知识不是放在书架上炫耀的，而是用来解决问题的。我们需要针对知识的方法论，将知识的潜力发挥出来。只有加强对知识的管理和利用，才能建设真正富有竞争力的国家和企业。因此，在知识的开发和利用、创新想法的提出、创新想法的实施等不同创新阶段，都可以借鉴德鲁克的思想进行系统整合分析，以实现更高的创新效能。

第三，知识社会的学校教育。德鲁克清晰地指出，学校不应扮演着"属于社会"的角色，而应融入社会，肩负起满足社会新需求，应对社会新挑战的责任。例如，学校应培养学生的学习能力，激发学生持续学习的动机。纵观现阶段我国教育的现状和多变的内外部环境，教育领域仍存在诸多挑战。从微观层面来看，终身学习已成为常态，因此需要培养学生终身学习的理念和能力。然而，面对当前激烈的升学竞争压力，学校教育如何既帮助学生掌握相关知识，又保护并增强学生的学习动机，是值得我们持续思考的问题。从宏观层面来看，人口增长的速度放缓促使教育机构加速调整。作为社会的重要机构，学校及其他教育机构需要随着社会结构变化进行调整，以适应新的社会需求。

阅读指南

该书主要分为三个部分共 12 章。每个部分聚焦一个主题，分别为社会、国家和知识。德鲁克在书中透露，这三个部分是按照"可预知性"的顺序一一展开的。对于知识社会，人们了解目前已经发生了什么；对于知识社会国家，人们则仅知其轮廓，不知其如何发展；对于知识方面的挑战，人们仅能提出问题，以期引发进一步的探讨和思考。读者可按照该书的叙述逻辑，即社会、国家和知识的顺序进行阅读，亦可自行选择感兴趣的部分阅读。

第一部分"社会"主要讲述了知识社会的发展历程、组成要素等，读者可以从中了解到从资本主义到知识社会的发展历程、知识社会中的组织、劳动力和以责任为基础的组织等内容。第二部分"国家"，主要涉及国家相关的历史、趋势和对策等，讲述了从民族国家到巨型国家、跨国主义、区域主义和部落主义、政府的转向，以及通过社会部门重建公民意识等议题。第三部分"知识"主要包括对与知识相关的经济、教育的探讨，分别从通过知识经济学的视角看待知识、对学校教育的思考、知识人的最新意义这三个方面引出了对未来的思考。

• 彼得·德鲁克语录[一] •

1. 从长远来看，组织必须有计划地放弃，而不是尽可能地延长某种成功的政策：持续某种做法或生产某种产品。

2. 知识工作者与服务工作者应该经常被这样询问：这项工作对于你的本职工作而言是否必要？它是否有助于工作业绩的改善？是否有助于你的本职工作？

3. 政府必须重新具备一些最起码的行为能力，它也必须"转向"……为了朝好的方面"转向"，就必须遵循以下三个步骤。（1）放弃那些行不通的事……（2）专注于那些行得通的事……（3）分析那些成败参半的事。

4. 公民意识就是愿意为国家做出贡献。也就是说，更愿意为国家而"生"，而不是为国家而"死"。

5. 教育上最重要的转变必将是重新思考教育的角色与功能，以及教育的内容、重点、目标与价值。

[一] 本章语录中的内容引自机械工业出版社 2021 年版《知识社会》。

巨变时代的管理

MANAGING IN A TIME OF GREAT CHANGE

导言

在 20 世纪末那个转型的时代，管理者必须采取行动应对变革。基于此背景，德鲁克《巨变时代的管理》一书应运而生，它阐述了管理者在创造未来的过程中可以做和必须做的事情。该书跨越管理、信息化组织、经济以及社会等多个领域，是高效了解国家、社会、经济和组织的发展与演进的重要资料，也为全面、客观地理解变革和变革时期的管理提供了有益指导。今天，数智技术的快速更迭让管理进入无常即有常的阶段，给管理者带来了挑战，部分管理者对变革怀有恐惧、焦虑的心理，部分管理者贸然开始变革行动，对企业和自身造成了巨大伤害。历史上的历次变革给了我们宝贵的经验教训，能够帮助我们更好地理解国家、社会、经济和组织的运行规律。现代管理者需要认识到变革是一种常态，应积极探索其中的基本规律，汲取管理理论和实践的核心价值，以有效应对内外部的变化，为未来可能出现的变化做好充分准备。正如德鲁克所言，今天的管理者在不同以往的明天到来之前做好准备，实际上也是让这样的明天成为属于他们的未来。

概述

《巨变时代的管理》出版于 1995 年，主要探讨管理在变革时代的重要性和所扮演的角色。

第一部分"管理"包括"经营之道""应对不确定性的计划""五种致命的经营失误""管理家族企业""总统六准则""网络社会的管理"等 6 章内容。

关于"经营之道"，德鲁克认为管理者首先需要有关于组织生存环境（社会及其结构、市场、客户和技术）的假设，该假设规定了组织付出后的回报；其次需要有关于组织具体使命的假设，该假设规定了什么是组织认为有意义的结果；最后需要有关于完成组织使命所需核心能力的假设，该假设规定了组织为了保持领先地位，必须在哪些方面脱颖而出。这三方面必须符合实际，相互保持一致，并经常接受检验，而且组织的所有人都需要了解经营之道。德鲁克认为，所有的经营之道都有跟不上时代发展的时候，因此需要在组织内部建立系统化监控和检验经营之道的制度，并持续研究企业的外部情况。

关于"应对不确定性的计划"，德鲁克提出，询问"开创未来的，哪些已经发生了？"是应对不确定性的计划方式。围绕这一问题，管理者要关注人口统计数字；关注在行业与市场结构、基本价值观以及科技方面，什么样的变革是已经发生但还没有释放出全部影响力的；要确保公司实力和能力与机会相匹配，并对"核心能力"进行分析。

关于"五种致命的经营失误"，德鲁克提出，第一种失误是对高利润率和"溢价"的顶礼膜拜，第二种失误是给新产品确定错误的价格，第三种失误是成本推动型定价策略，第四种失误是在昨天成绩的基础上错失明天的良机，第五种失误是创造问题滋生的土壤，扼杀机会生存的环境。

针对"管理家族企业"，德鲁克提出 3 条准则：①家族成员不得在企业中任职，除非他们至少与非家族成员一样能干，工作上也一样努力；②无论公司的管理层中有多少家族成员，无论他们多么能干，总要有一个高级职位由不是家族成员的外人来担任；③除了最小的家族企业外，家族管理的企业越来越需要在关键岗位上使用不是家族成员的专业人士。

围绕"总统六准则"，德鲁克指出这 6 条准则分别是：①考虑当前需要做什么；②集中精力、不要分心；③不要在有把握的事情上孤注一掷；④卓有成效的总统不能事无巨细；⑤总统在政府中没有朋友；⑥一旦当选，就要停止竞选。

关于"网络社会的管理"，德鲁克认为，在网络社会中，企业之间以伙伴关系为基础，组织及其最高管理层最好停止讨论"忠诚度"，专业人员和管理者必须承担起自己在组织内外的责任。

第二部分"以信息为基础的组织"包括"组织的新社会""三种团队""零售业的信息革命""不做数据的文盲；掌握该掌握的内容""我们需要的是衡量手段，而非计算""管理者今天需要的信息"等 6 章内容。

关于"组织的新社会"，德鲁克认为，在知识社会中，知识是个人和整个经济的主要资源。组织必须不断变革，而且组织必须建立变革管理的机制。管理者必须认识到现代组织存在于社区中，但不能从属于社区；必须重视社会责任问题，认识到人是组织最重要的资产。他还强调了要将组织打造为有机的团队，关注组织的独立性。此外，德鲁克提出了"棒球型团队""足球型团队""网球双打型团队"等"三种团队"类型。

关于"零售业的信息革命"，德鲁克认为，提供信息是新零售业的重要方面，管理者需要新的经营模式和理念，比如在减少商品种类的同时提供个性化服务，重视商品的流动性而非销售过程，采用技术手段提升购物体验等。

在"不做数据的文盲;掌握该掌握的内容"这一章,德鲁克提出,组织必须掌握信息,更要思考"公司需要什么信息,什么时候需要信息,以什么方式获得信息,在哪里获得信息"。而围绕"我们需要的是衡量手段,而非计算"这一话题,德鲁克强调,企业需要"企业审计"这种新的衡量手段来有效控制企业的经营状况。关于"管理者今天需要的信息",德鲁克指出,基础信息、生产信息、能力信息、稀缺资源分配信息是创造财富的重要信息,是效益的源泉。

第三部分"经济"包括"世界经济在贸易方面的教训""美国经济力量的转移""寻找新兴市场""环太平洋地区与世界经济""日本有限公司走到尽头了吗""疲软的美元反倒让日本如虎添翼""新兴的超级力量:海外华人"等7章内容。

在"世界经济在贸易方面的教训"这一章,德鲁克强调,世界经济已经成为发展、繁荣和就业的发动机,每一个发达国家的经济都是由世界经济拉动的。对贸易的控制属于伟大的幻想,保护主义只会造成伤害。而且自由贸易是不够的,必须超出自由贸易的范畴。谈及"美国经济力量的转移",德鲁克指出,发达国家的经济力量正从制造企业转向分销商和零售商,经济的组织方式正从以物料流和资金流为中心转向以信息流为中心。关于"寻找新兴市场",德鲁克指出,基础设施市场(通信、信息、交通等)、环境市场(水和空气净化设备市场、土壤生物产品市场、能源市场)、为晚年生活理财的投资产品市场是未来的新兴市场。

在"环太平洋地区与世界经济"这一章中,德鲁克依据当时的情况提出,到2000年,亚洲的环太平洋地区将处于融入变化迅速的世界经济的关键时期。许多独立的国家和经济体将面临相互竞争的局面,同时,地区性贸易集团或超级集团可能会在这一时期形成。这些超级集团可能会在内部实行自由贸易,但对外部实行高度保护主义。这种变化将对亚洲乃至全球经济和政治格局产生深远影响。在这一过程中，亚洲国家面临着内外双重压力，必须做出重大决策。而发达国家正在形成地区性超级集团，以理顺自己的经济结构并创造自由贸易区，但同时也趋向于保护本国工业。对此，亚洲国家需要主动采取行动来引领贸易政策，以促进亚洲融入全球经济，但其所需的领导力的来源尚不明确。

论及"日本有限公司走到尽头了吗"，德鲁克指出，日本企业在全球市场上仍具竞争力，但它们面临着诸多挑战（如技术领先优势受到威胁、对外贸易顺差下降、国内经济陷入衰退等）。对此，日本政府需要重新评估长期政策和短期政策的平衡，并做出相应调整。此外，美国对日本贸易逆差的关注日益增加，日本需要面对贸易壁垒和外部压力，调整与美国的贸易关系。德鲁克认为，"疲软的美元反倒让日本如虎添翼"，廉价美元政策实际上更加符合日本的利益。一方面，它让日本以更低的成本购买美元，进而在海外投资和购买进口商品；另一方面，美国企业在日本的投资受到美元贬值的影响，成本上升，投资减少。因此，美元贬值并没有改变美日贸易逆差的局面，反而让日本获得了更多的优势。

在第三部分的最后，德鲁克指出海外华人是"新兴的超级力量"，他梳理了海外华人创办的跨国公司的独特之处、管理模式、所面临的挑战和发展前景，认为新一代海外华人企业的管理者面临着保持传统价值观并实现现代化管理的挑战。

第四部分"社会"包括"社会变革的世纪""非营利组织的长足发展让我们获益匪浅""知识工作和性别角色""彻底改造政府""民主国家会赢得和平吗"等5章内容。

关于"社会变革的世纪"，德鲁克详细阐述了蓝领工人崛起和没落的过程，以及彼时知识工作者崛起的现象。他指出了养成不断学习的习惯的重要性，强调个人、组织、行业和国家获取并应用知识的能力将成为关键的竞争因素。此外，德鲁克基于非营利组织的运营成果指出，非营利化可能是解决社会福利事业管理机构管理不善问题的方式。

围绕"知识工作和性别角色"，德鲁克论述了性别分工在人类历史中的变迁，指出现代社会中男性和女性在工作和社会地位上的趋同，认为这种变革引发了对家庭结构和社会价值的思考和质疑，可能会带来深远的影响。在"彻底改造政府"一章，德鲁克讨论了政府机构重组的必要性和有效性，呼吁制定包含应该加强、调整重点或放弃的内容的清单，并指出应该给一些计划和工作一定的宽限期，以评估其是否仍然有效。围绕"民主国家会赢得和平吗"，德鲁克提出，民主国家必须重新夺回对国内经济政策和财政政策的控制权，国家必须采取措施来制止和扭转福利制国家的失败，而要想发挥自由市场制度的优势，需要可靠的法律制度、由金融机构构成的架构和适当的教育体制。

评论

在当今信息技术创新日新月异的时代，管理者面临着巨大的挑战和机遇。《巨变时代的管理》内容涵盖管理、信息化组织、经济和社会等多个领域，提供了深入思考和分析问题的全面视角，对管理者而言有重要的参考价值。

该书即着眼于对"管理在变革时代中的关键作用"的理论探讨，也提供了丰富的管理指导和案例，可以帮助管理者更好地应对变革所带来的挑战，实现组织的成功和可持续发展。该书启发管理者思考如何具备敏锐的洞察力和灵活的应变能力，以应对组织内部和外部环境的变化。

德鲁克在书中主张"终身学习"的理念。随着工作环境变化和岗位流动速度的加快，员工需要积极利用组织培训、社会继续教育等机会，不断更新自身的知识基础，持续进行技能重组。只有这样，员工才能做好应对变化的心理和价值观准备，迎接未来的挑战。

与此同时，该书也为政策制定者提供了宝贵的参考资料。他们可以从中汲取智慧，制定更加符合时代要求的政策，推动社会的稳定发展。在变革时代，政策的灵活性和前瞻性至关重要，只有紧跟时代的步伐，才能赢得更大的发展空间。

在该书的指引下，我们看到管理不再是简单的指挥和控制，而是需要与时俱进，不断创新和进化。"管理"既是变革的引领者，也是变革的应对者。管理者们要敢于面对挑战，勇于改变，只有这样才能在变革的浪潮中立于不败之地。可以说，《巨变时代的管理》不仅是一本管理书，更是一部应对时代变革的指南。它提醒我们，变革是永恒的主题，面对变革，我们需要拥抱它，理解它，引领它，方能在竞争激烈的时代中立于不败之地。

阅读指南

《巨变时代的管理》是由24篇文章和2篇专访构成的一本内容丰富、实用性强的管理学著作。全书共24章，分为"管理""以信息为基础的组织""经济""社会"4个部分。第一部分为读者提供了极具实用价值的管理原则和方法，第二部分帮助读者认识到组织及其结构的变革，了解到数据和信息的意义，第三部分有助于读者认识和了解经济、贸易运行的规律，第四部分则对今天经济和技术发展背景下员工对自我和对社会环境的认识极具启示意义。该书为管理者提供了应对变革挑战的重要参考，同时也为员工在不断变化的环境中持续学习和成长提供了启示。

────• 彼得·德鲁克语录[⊖] •────

1. 帮助今天的管理者在不同以往的明天到来前做好准备，实际上也是让这样的明天成为属于他们的未来。

2. 发生在任何知识领域的创新往往都是由外部的因素引发的。

3. 任何知识工作者都将越来越需要在工作期间坚持学习。

4. 在经济、社会和政治等领域中，不确定性的力量十分巨大，在它的影响下，大多数公司仍旧将他们的预测和计划建立在概率的基础上，结果不是徒劳无益，就是欲速则不达。

5. 标杆是获取生产率信息的最新工具，这种方法使得企业可以将自己的绩效与业内最佳的或世界上最佳的绩效放在一起进行比较。

6. 只有公司的实力与已经发生的变革相互匹配，公司才能提出行动的计划。

7. 没有"令人满意"的团队合作，也没有"理想"的团队协作。

⊖ 本章语录中的内容引自机械工业出版社 2019 年版《巨变时代的管理》。

德鲁克看中国与日本：
德鲁克对话『日本商业圣手』中内功

DRUCKER ON ASIA

导言

面对 20 世纪世界经济的快速变化，德鲁克和中内功基于彼此关于经济、社会、商业和政府的讨论，结合自身在管理理论和咨询或管理实践方面的专业知识及经验，撰写了《德鲁克看中国与日本：德鲁克对话"日本商业圣手"中内功》一书。书中的理论能为管理者提供框架和指导，帮助管理者了解组织管理的基本原则、模型和概念。通过研究理论，管理者能够更深入地理解管理的本质，并从中获得启示，制定合理的管理策略和决策。书中的实践案例为管理者提供了具体的情境，能帮助管理者将理论知识应用于实际，并不断优化和调整管理方法。理论和实践的结合有助于每一位读者对快速变化的世界具备更深刻的理解，也为优化读者的行动，丰富其知识，提高其业绩提供了有效的指点，这正是德鲁克和中内功撰写此书的目的。理论为管理者提供了思考和分析的工具，实践经验为理论提供了检验和修正的机会。通过不断地将理论应用于实践，并从实践中总结经验教训，管理者可以持续提升自己的管理能力，更好地应对日常管理工作中的复杂情况。正如德鲁克所言，理论要与实践相结合，理论告诉我们需要做什么，实践告诉我们怎么去做。

概述

《德鲁克看中国与日本：德鲁克对话"日本商业圣手"中内功》汇集了德鲁克与日本著名企业家中内功于 1994 年秋冬的多次讨论。面对当时政治世界和经济世界的巨大变化，以及大众对经济世界变化的无意识状态，德鲁克将自己与中内功的讨论进行整理，旨在立体展现当时经济、社会和商业方面的重大发展，并指出该时期的具体挑战和应对策略。

在第 1 章"中国带来的挑战"中，围绕中内功对如何看待中国市场的提问，德鲁克认为中国沿海地区的爆发性发展以及东亚和东南亚国家的快速发展，使世界经济格局从美、日、西欧三足鼎立转向多中心。在德鲁克看来，将一个家族企业变成一家现代化企业是中国管理的秘密，而海外华人已成为当时一股新的经济超级势力；以流通为导向的发展不仅发展业务，还为人带去发展，这对当时的中国至关重要。德鲁克和中内功一致认为，中国潜藏着巨大的机会。

在第 2 章"无国界世界带来的挑战"中，针对中内功提出的如何看待日本产业"空洞化"，日本在无国界世界中扮演何种角色，以及何为全球经济集团理想安排的提问，德鲁克指出，维持制造业基础不需要大规模的制造业大军，日本对"空洞化"的恐惧源于"生产和就业是一回事""美元疲软对日本造成伤害""生产转移海外令出口下降""低工资国家具备竞争优势"等认知谬误；日本应当扮演推动发展中国家前进的角色，为全球发展做贡献；在无国界的世界，要学会在全球、区域和地方三个层面上运营，并在三者间追求平衡。

在第 3 章"'知识社会'带来的挑战"中，针对中内功"当前的教育制度无法为知识社会培养人才"的观点，以及信息技术会带来怎样影响的提问，德鲁克指出，日本大学和用人单位之间紧密的关系、大学入学人数爆炸式增长等社会现象是造成日本教育制度缺陷的原因。他认为在知识社会中，学习是终身进行的，并不随着毕业而结束，能够把某个专业的具体知识与全部的知识及人类经验联系起来是学习和教育的重要方面。我们面临着让知识重新成为人力开发的途径，以及让知识超越工具、重新让教育成为通往智慧的道路的挑战。关于信息技术的影响，德鲁克认为，信息技术改变了人类掌握、使用信息的方式，并日益形成企业的骨架，进而对人类的愿景、工作方式和生活方式产生影响。

在第4章"企业家精神和创新所面临的挑战"中，围绕中内功"企业家的社会角色就是带来创新"的观点，德鲁克在当时的时代背景下指出，每一个发达国家及其大企业都必须学习创新，每个国家都必须学习鼓励、培养企业家。国家和社会需要能够在现有公司之外创办新企业的企业家，现有企业如果无法通过学习变得具有企业心和创新意识，将面临太多的社会断层，而且管理者需要知道如何针对企业家精神和创新意识进行组织。

在第二部分的开篇"重塑个人"中，针对中内功"日本迫切需要重振普通民众，让他们更为有效"的论断，德鲁克讲述了自己的7条经验：①不懈追求完美；②尊重工作的完整性；③发展自己的学习方法；④定期复盘；⑤思考新岗位的需求；⑥将实际结果与事先预料的结果相比较；⑦为别人的生活带去不同。他认为从事知识工作、努力保持效率、不断成长和改变的个人，必须对自己的发展和定位负责。

在第7章"重塑企业"中，德鲁克强调企业短暂的生命周期和政府改革的必要性，因为持续的成功会带来威胁。他也讨论了使命的重要性，认为没有高效的使命宣言，就没有优秀的绩效。管理的最终目标是有能力让变化为企业的使命服务，将变化当作机遇，欢迎变革。

在第8章"重塑社会"中，针对中内功"将组织转化为有益社会的实体，能够防止社会倒退"的观点，德鲁克提出，要想重振社会，就需要一个社会部门（必须是与政府无关的组织）以个人绩效为基础，怀着对社会的关注（也就是站在价值观的基础上）重建社会。在社会领域从事志愿工作能使员工重新获得公民意识，而把社会问题和社会挑战转变成有利可图的商业机会，是解决社会领域问题的理想方案。

在第 9 章"重塑政府"中，针对中内功所提出的对自由市场下的政府监管和政府角色有什么看法，对重塑政府有怎样的建议的问题，德鲁克指出，在社会的发展进程中，光有自由市场还不够，必须有一套管用的社会和政治框架，以及一套法律结构。最重要的是，产权必须清晰，受法律保护。此外，还得有功能正常、受人尊敬的政府。德鲁克认为，政府需要避免无法执行、失去效用和惩罚经济活动的监管，必须主动作为（如创造合适的社会和经济条件），而且其制定的政策必须是跨越国界的，必须重新思考如何转型为"高效政府"。

评论

20 世纪末，世界经济出现了许多变化，如政府成为资本主义世界的风暴中心，世界经济结构发生深刻变化等。但正如德鲁克所指出的，注意到这些变化的人并不多。在这一背景下，德鲁克和中内功对经济、社会、商业，以及个人、企业和政府如何改变和革新的讨论为读者了解商业格局、管理实践、经济发展和政府角色提供了独特的视角，推动大家关注宏观环境的变化。

德鲁克是公认的管理学的奠基人之一，是 20 世纪最具影响力的管理思想家之一。他在管理理论、组织管理、领导力等方面有着深刻的见解，通过丰富的著作和教育工作对全球管理实践产生了广泛影响。中内功是日本大荣株式会社的创始人，在日本企业界享有很高的声誉，他的领导风格和企业经营理念对日本企业界产生了重大影响。他们分别从咨询顾问和企业家的视角对所讨论的问题给出各自的见解，形成了更为完整、深入的对问题的理解，因此，他们所提出的应对方案、指导原则更具实践价值。

德鲁克和中内功的讨论中多次提及企业和企业家的社会角色，以及企业在解决社会失衡问题（如教育中的财阀主义、劳动力错位、区域主义等）方面所发挥的作用，让读者看到了企业家应有的责任与担当。在技术发展引发重重变革的今天，企业家承担着创造就业机会、推动经济增长、实现绿色发展等多重责任，企业家的行为和决策会对企业、社会、生态环境和文化等领域产生深远影响。国家和社会需要企业家的责任与担当来维护社会稳定与繁荣。由此可以看出，即使时代更迭，我们依然可以从该书中汲取充足的养分。

阅读指南

该书由两部分构成，第一部分"挑战的时代"讨论了中国、无国界世界、知识社会带来的挑战，以及企业家精神和创新所面临的挑战；第二部分"重塑的时代"围绕重塑个人、重塑企业、重塑社会、重塑政府展开。该书是德鲁克与中内功当面对话以及通过信件和传真进行对话的记录，许多理论观点、指导原则散落在两位作者举出的实例中。在阅读过程中，建议读者随时标注重要观点、例子等，以便后续回顾和总结，加深理解。此外，在"重塑个人"一章中，德鲁克和中内功概述了各自的成长和职业发展经历，读者可以借鉴他们的经验和教训，反思自己的生活经历，深入认识自己的优点和不足，从而更好地调整自己的生活态度和行为习惯。

• 彼得·德鲁克语录[⊖] •

1. 在知识社会中，学习是终身进行的，并不随着毕业而结束。

2. 受过良好教育的人，能够把某个专业的具体知识，与全部的知识，与人类经验联系起来。

3. 技术本身只是一种工具，但和所有的新工具一样，它不光强迫我们改变做事的方式，更强迫我们改变所做的事。

4. 有知识的人必须为自己的发展和定位承担责任。

⊖ 本章语录中的内容引自机械工业出版社 2019 版《德鲁克看中国与日本：德鲁克对话"日本商业圣手"中内功》。

德鲁克论管理

PETER DRUCKER ON THE PROFESSION OF MANAGEMENT

导言

　　《德鲁克论管理》一书出版于 1998 年，收录了德鲁克众多论文中的 13 篇历久弥新、仍与当今社会问题息息相关的文章。第二次世界大战后的 25 年间，西方出现了一股管理热潮，产生了许多管理学派，形成了"管理理论的丛林"。德鲁克作为经验主义学派的代表人物之一，其管理思想在这一时期得到了广泛的传播和应用。《德鲁克论管理》正是他多年管理思想和实践经验的结晶，旨在为读者提供一套全面、系统的管理理论和方法。对于希望提升管理水平和实践能力的人来说，该书无疑是一本宝贵的参考书。通过阅读该书，我们可以深入了解德鲁克的思想，从中汲取智慧和启示，为自己的管理实践找到有力的支撑。

概述

　　该书分为两部分，第一部分为"经理人的责任"，包含六章，分别是"事业理论：经营假说""有效的决策""如何做人事决策""小构想，大作用""创新的原则"以及"企业经营绩效的管理"；第二部分为"执行者的世界"，包含七章，分别是"管理者真正需要的信息""新型组织的到来""组织化的新社会""企业可以向非营利组织学习什么""新生产力的挑战""管理与这个世界的课题"以及"后资本主义时代的经理人：德鲁克专访"。这十三章对管理的内涵、目的、挑战以及工具进行了深入分析。

对于管理的内涵，德鲁克认为，管理是一种实践，其核心目的是通过协调和整合组织的各种资源来实现组织的目标。在这个过程中，管理者需要扮演多重角色，既是决策者，又是协调者，还是创新者和变革的推动者。德鲁克强调，管理的成功不仅仅取决于管理者的个人能力和素质，更取决于管理者能否有效地运用各种管理工具和方法，将组织的资源转化为生产力。他提出了事业理论的概念，并通过通用汽车公司和 IBM 公司的战略转变阐述了事业理论在当下的重要性，指出需要根据新的现实制定适宜的战略，以保证企业的可持续发展。

对于管理的目的，德鲁克认为，管理的最终目的是实现组织的使命和愿景。在这个过程中，管理者需要关注组织的长期发展，而不仅仅是短期的利益。同时，管理者还需要关注员工的成长和发展，为员工提供良好的工作环境和发展机会，激发员工的潜力和创造力。他通过非营利组织的运营模式展示了管理可以如何更好地实现企业和员工的双赢。正如德鲁克所说的，"管理的兴起将知识从社会的装饰品和奢侈品，转变为所有经济中的真正资本"，这可能就是管理的真谛所在吧。

对于管理的挑战，德鲁克从组织内外部视角详细阐述了管理面临的一系列挑战。例如，他提到未来无论何种组织都将面临信息挑战。他提出未来的组织是以信息为基础的组织，对其的管理可以借鉴医院、交响乐队的做法。在这样的组织中，知识工作者的职业机会问题将是管理者需要思考的，无论最终采取什么形式，企业的价值结构和奖励结构都要发生很大的变化。此外，培养知识工作者的专业精神和职业骄傲感也是非常重要的，因此如何管理知识工作者是未来管理领域的一大挑战。他还提出了新生产力所带来的挑战，指出隐藏在生产力爆炸背后的主要力量来自"更聪明地工作"，也介绍了"更聪明地工作"的具体方法和步骤。

对于管理的工具，德鲁克通过对大量企业和其他组织的管理案例的介绍，提供了多种可操作的管理工具和方法。在决策方面，他介绍了克莱斯勒在吉普车和小型货车上所获得的意外成功以及西尔斯在 1981 年将金融投资工具归类于家庭消费品的失败，以此提醒读者关注意外的成功和难以预料的失败。他还通过讲述斯隆和马歇尔对人事任命的重视，来强调根据未来工作任务进行人事委派的重要性。在知识运用方面，他提出组织的功能是将知识应用到工具、产品和处理程序上，应用到工作设计上，以及应用到组织本身。他强调知识必须与任务相联系，每隔四五年就需要更新知识系统。在创新方面，他总结了创新机会的七大来源，并通过大量实例加以佐证。例如，他论述了自动装填火柴的技术如何让瑞典在该领域拥有了半个多世纪的世界范围内的垄断权，以此强调将创新转化为具体目标的重要性。

德鲁克在书中引用了大量企业和其他组织的管理实例，深入探讨了领导力、决策、创新等方面的问题，为读者提供了深刻的管理知识和实践指导。

评论

《德鲁克论管理》一书包含了德鲁克不同时期的管理思想，但至今读来无半点过时之感，他深邃的思想和深入浅出的写作风格可见一斑。

该书强调了目标管理、自我管理、战略管理和人才管理的重要性，为企业管理提供了有力的理论支撑。德鲁克强调，企业应该将最根本的定义、目的和使命转化为具体的目标，以目标为导向，以人为中心，以成果为标准，实现组织和个人的最佳业绩。对此，管理者需要具备战略眼光，有效配置资源，为企业规划未来。人是企业最重要的资源，管理者需要运用每个人的长处，激发和释放员工的潜能。德鲁克认为，管理的出发点是"人性"，其目的是使下属具备"管理者态度"。因此，他特别强调自我管理的重要性，将自我管理视为决定企业发展高度的关键因素——管理者需要改变观念和思维方式，管好自己是管好一切的先决条件。

该书对中国当前的管理实践也有重要的启示意义。外部环境的不确定性和多变性、新技术的层出不穷迫使企业不断优化发展战略、持续创新，以使企业"活下去"。我们一直强调今天的世界与过往都不同，变化之快让企业应接不暇，但通过阅读该书，我们会看到历史是惊人地相似，通用汽车公司等国际大企业无不面临过类似的发展困境。虽然管理的现实发生了改变，但我们仍然可以从历史中找到规律，找到化解困境的方法。德鲁克告诉我们，不论何时，都要关注市场结构的变化和人口结构的变化，要注重资源分配，把数据作为信息资源加以开发，要关注出乎意料的成功和失败……这些宝贵的经验和论断证明了德鲁克总能够透过现象看本质，而我们则需要将这些本质性的经验运用到自己的管理实践中，方能在任何时候都立于不败之地。

阅读指南

《德鲁克论管理》是德鲁克不同时期论文的集萃，体现了他不同时期的管理思想，与他的其他专著有一定的联系和沿袭性。因此，建议读者在阅读该书时注意每一章（即每一篇论文）的写作时间，结合当时的社会背景展开思考。同时，可以与德鲁克其他类似主题的专著对照阅读，加深印象，强化思考。

全书根据各章内容分为两个部分。第一部分"经理人的责任"探讨了经理人所从事的基本管理工作以及"如何做"的问题，如如何做出有效决策，如何进行人事任命工作等。第二部分"执行者的世界"着重探讨了知识经济背景下管理者可能遇到的各项挑战，如信息挑战、知识更新速度加快所带来的挑战以及新生产力的挑战等。

书中列举了大量案例，读者可边阅读边记录这些典型的、具有启发意义的管理案例，以便日后查阅或思考其对实践的意义。例如，德鲁克在介绍决策的重要性时，引用了贝尔公司总裁的例子。贝尔公司的总裁在确定了电话公司的业务就是向用户提供服务这一宗旨的同时，还设计了衡量服务质量的详细标准，并以此作为考核和奖励的依据，这才使这一决策得以长期执行。此外，他也列举了美国很多非营利组织的发展历程，通过它们或成功或失败的案例来分析如何管理知识型员工。德鲁克在书中为读者提供了看待问题的全新视角，也通过实例梳理了管理学的发展脉络，让读者在一个又一个生动鲜活的故事中感受管理的魅力和奥妙。读者可以记录下书中重要的观点、自己获得的启示和产生的疑问，以便日后回顾和参考。这将有助于巩固理解，激发进一步的思考。阅读后，可以与其他读者或同事分享阅读心得和见解，这有助于更深入地理解德鲁克的管理思想，并从他人的观点中获得新的启示。

管理是一门不断发展的学科。德鲁克的观点也是众多管理资源中的一部分。因此，建议读者将对该书的阅读作为持续学习的一部分，结合其他管理图书、课程和实践经验，不断提升自己的管理能力和认知水平。

• 彼得·德鲁克语录[○] •

1. 有效率的经理人应当以"正确的"而非"可接受的"方案作为出发点。因为他们知道，最后一定需要做出某种程度的妥协。

○ 本章语录中的内容引自机械工业出版社 2019 年版《德鲁克论管理》。

2. 如果一个决策的执行意味着人们要改变既有的行为、习惯或态度，那么行动方案就格外重要。

3. 与没有把工作做好的经理人比起来，没有用心制定人事决策的主管所冒的风险更大。他们可能让员工丧失对组织的信任和尊敬。

4. 创业家之所以有生存空间，不是因为他们拥有足以影响整个社会或所有知识层面的"伟大构想"，而是因为他们拥有仅能影响一个非常狭窄领域的"小构想"。

5. 由于创新既与观念有关，和人们的认知也有密切关系，因此有心创新的人应该出外多看、多问、多听。

6. 就在10%的事件包办了90%绩效的同时，剩下90%的事件，也就是那些对企业贡献极少的事件，却花费了90%的成本。

7. 经理人工作的最终成果是决策和行动，而非他们拥有的知识和远见。经理人的关键决策是如何分配资源与努力，而执行这一项决策是相当令经理人为难的。

8. 光靠专业知识本身是无法创造任何产出的，唯有将专业知识与特定任务相结合，我们才能看得到生产力。

9. 争取员工忠诚度的新途径是，组织必须为知识型员工提供最好的机会，让他们在工作岗位上获得高度成就感，如此才能让他们对组织忠心耿耿。

10. 你有责任更了解自己。这样可以帮助你找到合适的工作以利于自己的成长，同时能够兼顾自己的家庭价值观。

21世纪的管理挑战

MANAGEMENT CHALLENGES FOR THE 21ST CENTURY

导言

现代管理学之父彼得·德鲁克在 90 岁高龄之际完成了《21 世纪的管理挑战》一书。该书出版于 1999 年，《哈佛商业评论》曾评价该书极具"前瞻性和超前思维"。德鲁克在书中以其敏锐的观察力和深刻的洞察力，分析了随着知识经济的兴起、信息技术的飞速发展、全球化的加速推进，如何超越传统的管理理论和实践，找到新现象、新问题、新挑战的答案。

该书虽写于 20 世纪末，但德鲁克在书中所讨论的人口老龄化、知识工作者队伍的崛起、信息技术的普及等关键性问题，在我们当前所处的前所未有的历史交汇点依然具有重要的指导意义。我们当下所处的时代是一个变革的时代，一个充满机遇与挑战的时代，一个需要全新管理思维与实践的时代。在这个时代，管理不再仅仅是组织内部的事务，而是与全球化、技术创新、社会变革紧密相连的宏大叙事。正如德鲁克所说，这些新的现实将改变管理理论和实践的基础假设，需要管理者重新思考和调整自己的管理策略和方法。该书将为管理者和知识工作者指明改变的方向、动力和策略。

概述

在 21 世纪即将到来之际，人类社会面临着新的挑战与变革。彼时科技飞速发展，全球化浪潮席卷全球，企业竞争日益激烈，管理的重要性日益凸显。在这一"意义深远的转型期"，德鲁克在《21 世纪的管理挑战》中从六个方面——管理的新范式、战略、变革的引导者、信息挑战、知识工作者的生产率以及自我管理论述了如何应对"关键性的、决定性的、生死攸关的"挑战。

在管理的新范式方面，德鲁克对 20 世纪的管理原则所立足的管理现实进行了逐一分析，提出了 21 世纪的管理假设以及需要的新的管理范式。他认为，管理是所有组织所特有的和独具特色的工具，而不是单单指企业管理，在这个大前提下，我们需要考虑什么样的组织适合执行什么任务、不适合执行什么任务以及在执行特定任务时需要什么样的组织形式。在具体的管理过程中，管理不是"管理"人，而是"领导"人，是"充分发挥和利用每个人的优势和知识"的过程。面对技术的飞速发展，德鲁克提醒我们，对一个公司和行业影响最大的技术往往都是本领域外的技术，对管理层来说，他们应该关注的不是自己的产品和服务，也不是产品和服务的已知市场和最终用途，而是"客户认定有价值的方面"。对于管理的范围，德鲁克也从政治、法律等角度进行了剖析。

新的管理现实是管理本身实践基础的改变，德鲁克还从管理的外部总结了 21 世纪新的发展趋势，为企业制定发展战略提供了有益参考。他指出了五种必然的发展趋势，即发达国家越来越低的人口出生率、可支配收入分配上的变化、定义绩效、全球竞争力，以及经济现实和政治现实的日趋分化。关于人口出生率，德鲁克提醒我们不仅要关注人口数字的变化，更应关注人口的年龄分布，他进一步分析了人口老龄化问题和移民问题。

在收入分配方面，他指出可支配收入比例的变化非常重要，却被大家忽视了。他深入地分析了政府、卫生保健部门、教育部门和休闲行业的发展态势，强调要根据行业的发展趋势做出战略决策。对于定义绩效，德鲁克明确指出，"我们需要采用非财务的手段定义绩效，使得绩效的定义能够适合知识工作者的特点，并能发挥他们的作用。这不是一种以财务手段衡量的回报，而是'价值'上的回报"。针对全球竞争力，以及经济现实和政治现实的日趋分化，德鲁克指出，所有组织都必须将全球竞争力视为一项战略目标，企业需要与不同政治区域的组织组成联盟、建立合作关系，形成由经济个体组成的组织结构，以提高自身的全球竞争力。

在新的管理现实和发展趋势面前，企业唯有变革才能实现可持续发展。对于企业如何成为变革的引导者，德鲁克从变革的基本原则、变革条件以及具体的变革方法和方式等方面给出了前瞻性的建议。他认为，"有组织地放弃昨天"是基本原则，企业需要根据自身情况有组织地进行变革，借鉴成功经验、搜集有用信息、抓住机会窗口进行试点、制定两套预算，以在变革与保持持续性之间取得平衡。

德鲁克还着重分析了信息挑战与知识工作者给管理带来的变化。他以会计人员和会计学为切入点，强调企业制定战略应该关注"信息"而不是"技术"。企业更需要的是组织信息的能力，从会计的角度来说，企业需要掌握的是整个经济链的成本，"需要与经济链中的其他成员合作，共同控制成本，最大限度地提高效益"。企业的目标是创造财富，而创造财富需要四套诊断工具：基础信息、生产率信息、能力信息和资源分配信息，这些工具的核心便是人力资源，"管理人员需要有意识和仔细地分配人力资源，对人和资本都要一视同仁"。在 21 世纪，重要的人力资源是知识工作者。德鲁克认为，需要提高知识工作者的生产率，组织要把知识工作者视为"资产"而不是"成本"。知识工作者掌握生产资料，可以自由流动，这使得知识工作者不同于体力劳动者，因此对知识工作者的管理也显然不同于体力劳动者。知识工作者必须自我管理，拥有自主权，不断接受教育，也需要不断指导别人学习。

因此，在该书的最后，德鲁克强调了自我管理的重要性。随着企业规模的扩大和业务的多样化，管理变得越来越复杂，专业化的管理团队和高效的管理流程成为企业成功的关键。同时，信息技术的发展为企业带来了巨大的机遇，也带来了诸多挑战。德鲁克强调，在挑战与机遇面前，唯有做到自我管理才能找到持续发展的方向。在做好自我管理之前，我们需要问自己"我的优势是什么""我属于哪里""我能做出什么贡献"，进而承担起维系人际关系的责任，为自己的下半生做好规划。德鲁克对于如何做好自我管理给出了具体的方法和指导，例如集中精力发挥优势，利用反馈分析法总结哪些是不能做的事情，善于运用适合自己的学习方法等。同时，德鲁克提出，知识工作者的工作寿命将超过组织寿命，那么知识工作者该如何规划自己的人生？他给出了三个答案：开始从事第二职业，做不同的工作；发展并行不悖的事业；成为"社会企业家"。总之，自我管理是"人事上的革命"，它"要求知识工作者展现出全新的面貌和做出史无前例的事情"，同时要"从首席执行官的角度思考问题和做事情"。

评论

《21 世纪的管理挑战》为读者揭示了迈入 21 世纪后世界经济、社会和文化领域将会出现的主要趋势，以及这些趋势对管理理论和实践的影响。德鲁克的远见卓识经受住了现实的检验，他所提供的应对挑战的策略和方法对现代企业和其他组织来说仍具有极高的指导意义。

20 世纪末没有新冠疫情、人工智能和数字经济，但德鲁克当时所提出的人口结构变化、信息的重要资源价值、知识工作者的管理问题以及自我管理的重要性，都对我们应对当今乌卡时代的种种不确定性与易变性具有深刻的意义。正如德鲁克所说："本书讨论的变革超出了管理的范畴。这些变革非我们个人及我们的事业所能控制得了的。"我们没办法左右现实的变化，但我们拥有变革的能力和方法。变革的前提是收集大量有效信息、借鉴成功经验。因此我们更需要了解人类历史的发展轨迹，从而总结规律、扬长避短、砥砺前行。德鲁克正是站在历史的高度，在该书中从科技革命到企业管理，从国家元首到普通员工，从美洲到亚洲、欧洲展开论述，为我们展现了不同时代、不同地域、不同类型的历史经验，让我们能够透过时空变迁看到不确定性时代的选择与机遇。

总的来说，《21世纪的管理挑战》是一本极具前瞻性和实用性的管理学著作。它为我们提供了宝贵的指导和启示，能够帮助我们更好地应对21世纪的管理挑战。对那些追求卓越、渴望成功的组织来说，它无疑是一份不可多得的宝贵财富。

阅读指南

《21世纪的管理挑战》一书分为六章，从宏观到微观，从环境因素到个体发展，提出了应对新时代管理难题的策略。该书的写作风格深入浅出，其通过案例分析、理论阐述和实践指导相结合的方式，使读者能够全面了解和掌握21世纪的管理面临的挑战和可供参考的解决方案。书中还使用了大量的图表、数据和实例，使内容更加生动、直观和易于理解。比如，德鲁克讲述了美国通用汽车公司、德国贝塔斯曼集团、日本丰田汽车公司的发展历程以及泰勒的科学管理和瓦特发明蒸汽机背后的故事，引导我们从过去找答案，从历史与当今的对比中提出问题、分析问题和解决问题，他深入浅出地论述了宏观的机遇挑战和微观的行动指南，为我们迎接未来提供了方向和指引。

为了充分理解和吸收该书的精华，建议读者在阅读之前明确自己的阅读目的：是解决当前工作中的管理问题，还是提升自己的管理理论水平？明确目的有助于更有针对性地阅读。而了解德鲁克本人，包括其生活态度、工作经历和研究历程等，将有助于更好、更深刻地理解该书所提出的一系列观点。该书的内容较为丰富，可以每次阅读一章，思考如何将其中的观点应用到自己的工作中，并做好笔记。

德鲁克在书中列举了许多实际案例，这些案例都是对管理挑战的真实写照。在阅读时，可以结合自己的工作经验，思考如何在类似的情况下应用书中的策略。也可以与其他管理者或同事分享自己的阅读心得，讨论如何将书中的方法应用到实际工作中。讨论可以加深对管理挑战的理解，让你找到更好的解决方案。

• 彼得·德鲁克语录⊖ •

1. 组织不是绝对的，它是提高人们在一起工作的效率的工具。同样，一个特定的组织结构是与在特定的条件下、在特定的时间内执行特定的任务相匹配的。

2. 任何企业或非营利性机构，如果没有开拓创新精神，没有创业精神，很快就会被社会淘汰。

3. 只要能影响组织的绩效和成效的，就是管理的中心和责任，无论是在组织内部还是在组织外部，无论是组织能控制的还是完全不能控制的。

⊖ 本章语录中的内容引自机械工业出版社 2019 年版《21 世纪的管理挑战》。

4. 任何组织的战略无论如何应基于这样的假设，即今后二三十年，大部分工作，而且是越来越多的工作，包括组织最重要的工作，都将交给已经过了传统工作年龄的人做。他们不应是"上级"或"下属"，他们不分等级，最重要的是，他们不是传统意义上的"雇员"，当然也不是每天到办公室上班的专职工作人员。

5. 我们无法左右变革。我们只能走在变革的前面。

6. 资本只是组织的一个重要资源，而且绝不是最稀缺的资源。任何组织中最稀缺的资源是执行任务的人。

7. 组织的基础不再是权力。信任日益成为组织存在的基础。信任不意味着每个人都是相同的，它意味着人们可以互相信赖，它的前提是人们彼此了解。

8. 自我管理将越来越意味着知识工作者需要培养和趁早培养出第二个主要兴趣。

德鲁克管理思想精要

THE ESSENTIAL DRUCKER

导言

在彼得·德鲁克的系列著作中，不乏经典传世之作，而《德鲁克管理思想精要》是其中最特殊的一部。其他著作往往是德鲁克围绕特定主题深入分析并形成洞见的成果，但该书并不缘于德鲁克对某一社会问题的直接观察，而是应众多读者迫切想了解德鲁克思想精华的诉求而生。

作为卓有成效的管理者和社会观察者，德鲁克著作等身。随之而来的一个问题是，要想系统了解德鲁克的思想体系，需要耗费大量的精力，这让潜在读者望而却步。在译介德鲁克作品的日本编辑上田惇生以及美国编辑小卡斯·坎菲尔德等人的促成下，《德鲁克管理思想精要》问世。值得关注的是，该书 2000 年发行于日本的版本共 57 章，而经坎菲尔德编辑后的版本仅有 26 章，更凝练地概括了德鲁克思想的精髓。

该书一经问世就受到全球各地读者的争相追捧，其内容摘录自德鲁克从 1954 年的《管理的实践》到 1999 年的《21 世纪的管理挑战》等著作的章节，横跨 45 年的时间幅度，涵盖了管理、个人及社会三部分内容。在管理篇中，德鲁克讨论了三个问题，即"什么是管理""什么是组织""什么是趋势"；在个人篇中，德鲁克围绕自我管理这一核心理念展开，着重回答两个问题，即"为什么要进行自我管理"以及"如何进行自我管理"；在社会篇中，德鲁克着力对未来社会的发展进行分析，知识与共生是其中两个重要因素。

该书是一部能迅速了解德鲁克思想的词典，读者借助该书能够了解德鲁克在不同时期对不同问题的思考。正如该书书名所表达的，该书囊括了德鲁克关于管理的思想精要，降低了读者系统了解德鲁克管理思想的门槛，其价值体现在个体、组织和社会三个层面。在个体层面，该书拉近了读者与管理的距离，有助于个体的自我成长；在组织层面，德鲁克指出了未来企业和管理可能的发展趋势，这对于组织提前构建竞争优势、提高管理水平有重要价值；在社会层面，该书为应对社会发展和宏观环境变化提供了富有远见的德鲁克式观点。值得说明的是，多年来德鲁克提出的一些预测已经陆续得到证实，该书的社会价值或许将在时光的检验下被不断发掘。

概述

《德鲁克管理思想精要》分为管理篇、个人篇与社会篇，每一篇都涵盖内容层次丰富的若干章节。

在管理篇中，内容围绕管理本身、管理的主体和未来趋势展开。尽管有观点认为管理活动贯穿人类历史，但德鲁克认为直到第一次世界大战前夕，依然只有少数人意识到管理的存在，也正是管理改变了世界上发达国家的社会与经济的组织形式。德鲁克认为，管理是一种人文艺术，追求发展是管理的任务。然而对组织而言，发展不仅仅指业绩或特定指标的提升，更意味着要让员工的工作有效益。管理的目标绝不是特定组织或个人对利益的单方面诉求，组织与个人都需要在社会乃至所身处的时代中找到自己的定位，明确自身使命，积极承担社会责任。如果仅关注自身发展，就一定不是有效的管理。那么究竟是谁在管理呢？组织通常被认为是开展管理活动的场所，而且对许多人来说，组织等同于企业，企业对利润的诉求使公众认为一切活动都应该以盈利为导向。德鲁克认为，组织并不等同于企业，它还包含非营利组织。企业的价值取决于它在社会中发挥的价值，没有企业能够脱离社会而存在，因此当企业向外部（顾客）提供服务或产品时，企业的价值方能得到体现。与企业相比，非营利组织在管理实践的探索上往往更值得学习，在承担社会责任与功能上也发挥着越发重要的作用。面对管理需求和未来趋势，德鲁克提出了切实可行的方法，如人才选拔原则、目标管理过程、企业家精神培养等。

显然，有效的管理是组织寻求发展的途径，但管理所涉及的不单包括组织，更包括人。甚至可以说，组织管理最后依然落脚于人的管理。对个体而言，管理内容与管理组织有着极大的区别，二者无论在管理目标、管理方式上还是在影响因素等方面都不同。自我管理是德鲁克在个人篇的核心观点，每个人都是自己的管理者，而这种管理同样需要以成效为导向。对个体而言，首先需要明确为什么要自我管理。德鲁克认为，社会的发展趋势已经表明，大部分人的职业生涯将超过企业的生存时间，且知识将在未来成为稀缺且唯一的资源，因此每个人都需要自我管理，让自己成为卓有成效的知识型人才。那么对个体而言又该如何实现成效？德鲁克提出了了解自身优势与价值观、管理好自己的时间、做出有效的决策等建议。

在社会篇中，德鲁克对未来社会的发展进行了分析和预测。德鲁克认为，20世纪中后期，人类正在经历根本性的社会变革。20世纪50年代，蓝领工人在每一个发达国家中都是人数最多的群体，他们在经济上也是中产阶级，但在社会变革中，这一群体面临着巨大的挑战。蓝领工人难以胜任新的工作机会，而知识工作者在此次变革中将迅速崛起，因为知识将成为促进个体、组织乃至国家发展的关键资源。而获取知识的门槛的降低一方面使社会成员的竞争相对公平，另一方面也会导致竞争的加剧，所以每个人和组织都有必要正视未来社会的趋势和特点。除此以外，德鲁克也强调了创新和企业家精神的价值，他认为人类需要一个企业家社会来实现良性和长远的发展。社会篇也包含了德鲁克针对其他方面的分析和预测，如社会价值观念的变化以及社会部门的重要性。

评论

如果用一句话总结该书，我认为可用"以知识求发展，以管理促共生"来归纳。书中的所有内容均源于德鲁克2000年之前的专著，但近四分之一个世纪过去了，我依然能从中感受到德鲁克思想之深远。

正如德鲁克在企业的宗旨和使命一章中所提到的，"企业的宗旨是存在于企业自身之外的。因为企业是社会的一种器官，所以企业的宗旨必须存在于社会之中"。个体、组织和社会在本质上有着共同的发展诉求，即实现三方的良性共生，但或许是受限于环境压力，抑或是管理者眼光的局限，三方的发展时常处于矛盾的状态。例如，组织为了追求短期利润而破坏环境，员工为了生存而不得不从事高强度且机械的劳动，社会为了保证就业而面临社会效益与经济效益失衡的局面……

一叶障目，不见泰山，人类时常执着于眼前的得失，却忽视了本可以洞悉的长远趋势。《德鲁克管理思想精要》集结了德鲁克几十年来的思想智慧，对许多问题给出了简单却理所应当的解决方案，那就是从管理的角度解决问题。管理的宗旨是为了社会更好地发展，而不是为了获取蝇头小利。在新趋势下，无论个人、组织还是社会，都需要尊重知识。

　　我们常说"大道至简"，但如果没有名师指点，许多人终其一生或许也没办法明白简单的道理。这本书的价值或许就在于此——为我们点明一些本该明白的道理。

阅读指南

　　也许你还在学校中学习，也许你正处在事业上升期，也许你已经从单位光荣退休，但请相信，该书常读常新。

　　如果你想了解管理是什么，那么该书的第一部分会非常适合你。德鲁克在前4章分别从管理的发展、管理的维度、企业的宗旨和使命以及非营利组织的管理等方面向读者介绍了管理的内涵和管理的主体。在第5到9章，德鲁克给出了管理的具体方式和操作方法，第10到12章则关注企业家这一群体，旨在让读者认识到企业家的重要性与特殊之处。

　　如果你希望从该书中获取一些能用于日常生活和职业发展的知识，那么阅读该书的第二部分更为合适。德鲁克在第13到19章介绍了一些自我管理的方式和技巧，在第20到22章则为读者介绍了社会的发展趋势，旨在让读者认识到知识在社会中的价值，以及让自己成为知识型人才的重要性。

　　如果你对德鲁克观点的正确性充满好奇，那么可以直接阅读第三部分，德鲁克在第三部分对未来的社会发展情况进行了预测。不过读者需要明确一点，这些都是德鲁克在至少25年前的预测。我们不妨看看德鲁克预测的依据是什么，也可以通过自己的认知来验证德鲁克观念的准确性。

彼得·德鲁克语录[⊖]

1. 利润动机以及由此衍生而来的利润最大化，与我们所理解的企业职能、企业宗旨以及对其进行的管理工作之间是没有丝毫关系的。

2. 一个人的才能，只有通过有条理、有系统的工作，才有可能产生效益。相反地，在每一个组织中，总会有一些极为有效的勤勉人士，当别人忙得晕头转向、狼狈不堪的时候（一般人常常误以为忙碌就是有干劲的表现），那些有效的勤勉人士却像龟兔赛跑的童话故事一样，脚踏实地、一步一个脚印地率先到达目的地。

3. 知识社会将不可避免地出现超过当前所知道的任何一个社会的竞争。其原因非常简单，即知识是无处不在、唾手可得的，是没有理由做不好的。今后，只有知识贫乏的国家，没有"贫穷"国家。

⊖ 本章语录中的内容引自机械工业出版社 2019 年版《德鲁克管理思想精要》。

下一个社会的管理

MANAGING IN THE NEXT SOCIETY

导言

社会的发展实质上是人类的发展。

距今约 300 万年前，人类进入旧石器时代，并在随后的百万年中与自然抗争，在原始社会的恶劣环境中寻求生命的延续。而在约 6000 年前，人类进入青铜时代，能够从自然界矿石中冶炼金属，运用工具发展农业与手工业，人类社会因而更具韧性。

"朝菌不知晦朔，蟪蛄不知春秋。"尽管人类社会蕴含着足够的生存与发展智慧，但大多数人即便身处大时代的浪潮中，也难以认识到历史兴替与时代剧变给自己和社会带来的变化，更遑论这种变化是好是坏、对自己有着怎样的影响。《下一个社会的管理》为公众打开了一扇窗，其作者德鲁克在该书中为读者展现了他关于未来社会的思考与洞察。

该书出版于 2002 年，其内容完成于 2001 年 9 月之前。彼时德鲁克就指出，人类社会正经历着一场影响深远的革命，这场革命体现在技术进步上，更体现在组织与社会管理的运作模式上。在技术层面，信息技术深刻影响了个体、组织与社会的互动方式，新能源、生物制药、智慧农业等新兴技术的涌现预示着人类社会崭新气象的到来。而在社会层面，非营利组织的重要性日益凸显，知识的价值达到了前所未有的高度，并成为最宝贵的生产资源。在这场全方位的革命中，人类的生产与生活方式不可避免地受到了影响，但更重要的是，人们的生活观念、组织的管理模式以及未来社会的发展方向都产生了深刻的变革。

德鲁克强调，在未来的 10 到 15 年，甚至更长的时间里，管理者的主要工作将是应对社会的重大变化。于我们而言，面对历史的洪流，我们会见证时代的变迁，也会成为技术变革的受影响者。但更重要的是，我们应当思考如何在这个伟大的时代里用努力和智慧为社会创造价值。也许这就是德鲁克想通过该书告诉我们的——在下一个时代，普通人会受到怎样的影响，应该如何自处。

期待每个人都能通过阅读该书得到启发。

概述

《下一个社会的管理》分为"信息社会""商机""变化中的世界经济""下一个社会"四个部分。

在"信息社会"中，德鲁克准确预测了信息技术为社会和商业组织带来的变化。例如，德鲁克认为电子商务将取代传统的跨国企业，物流将成为核心竞争力，以及信息革命的背后实则是知识革命，知识工作者将在组织发展和知识创造中发挥关键作用，因此社会需要以合作而非雇佣的理念管理知识工作者。值得关注的是，尽管德鲁克描绘了信息技术发展下的社会前景，但他认为不能将视野局限于信息技术带来的商业机会变化，而要以长远的目光思考尚未体现出价值的因素。此外，保持开放的心态是在信息社会中实现发展的关键，既要以开放的心态关注外部世界的变化，也要对知识创造的长期性和偶然性保持开放的心态。

该书的第二部分围绕"商机"展开，创新创业和管理方式的重塑是其主题。诚然，信息技术可能为人类社会的发展带来变化，但有潜力带来改变的还有生物学等其他领域的技术变革。在新的时代背景下，社会中有大量的创业机会，但与以往的创新创业活动不同的是，新社会中的社会创业将与经济创业同样重要。创业的目标不能局限于经济收益，更应为社会健康服务。在新的趋势下，组织管理将产生一些变化，如知识工作者将成为取得竞争优势的关键，外包公司将在组织运行中发挥重要作用等。为应对新的挑战，组织必须重塑管理方式，其核心在于重视人的价值，如构建更灵活的组织形式，重视知识工作者的价值，将员工从繁文缛节中解放出来，使员工将资源和精力聚焦于更有价值的工作。

在"变化中的世界经济"中，德鲁克强调了社会部门的重要性。正如德鲁克所说，当今社会中，包括企业、大学、医院等在内的自治组织都专注于单一功能，为社会提供服务，在此过程中它们也存在利益诉求。难以保证的是，自治组织对利益的追求是否会损害社会福祉。德鲁克在20世纪认识到了各国城市化的趋势，他认为城市居民关于城市生活存在一些政府和私人企业都难以满足的诉求，而这些诉求只有社会部门才能实现。在经济方面，全球化经济对世界产生了巨大影响，企业正从多国公司转变为跨国公司，适应各国政府的监管方式在此阶段尤为重要。从宏观层面看，世界经济的增长方式也发生了变化，经济的增长取决于国际资本的流动而非商品的运动。德鲁克明确提出，全球化经济中不可能有主宰一切的经济力量，世界经济也不取决于特定国家的道德、法律和经济观念。

在"下一个社会"中，德鲁克判断下一个社会在宏观环境上将出现两个巨大变化，首先是人口老龄化，其次是知识价值的提升。人口老龄化并不是发达国家的特有问题，它同样会出现在发展中国家，随着全球人口结构的变化，消费市场与劳动力市场都会发生结构性改变。对消费市场而言，不同的消费群体在喜好、消费潜力等方面存在差异，而在劳动力市场上，不同年龄段的劳动者对工作也存在不同的期望。面临人口结构问题的各国将采取不同措施，但或许成效甚微。知识社会的一个特点是知识更新速度加快，知识工作者因此需要不断接受教育。除了正规教育外，他们还需要不断在职进修，因为保持终身学习的态度对于促进知识更新、提升智力资本格外重要。当然对个体来说，知识重要性的提升让社会成员大体上处于相同的起跑线，但这毕竟是一条竞争的赛道，此过程会让社会成员承受压力和情绪创伤。

评论

与 20 世纪相比，21 世纪的人类社会可以说已经进入知识爆炸的时代，层出不穷的知识创新为人类社会带来了巨大变化。身处伟大的时代，更应努力看清社会发展趋势，面向未来寻求更大的发展空间，为社会创造价值。德鲁克在《下一个社会的管理》中对社会的发展趋势给予了准确论断，无论是电子商务的发展、人口结构的变化还是社会理念的更迭，都一再验证了德鲁克观点的准确性。尽管该书内容十分丰富，但如果非要用一个关键词来概括，我想"开放的心态"是比较合适的。

在社会发展的历史浪潮下，无论是技术和组织形式的变革，还是国际形势和价值观的变化，都对每个人有着重要影响。明智者在迷雾中探索未来，昏沉者在时代洪流中听天由命。面对新的趋势，保持开放的心态尤为重要。社会成员需要认识到组织与个体间存在的新的雇佣关系，这既源于知识重要性的提升，也源于人口结构的变化，开放的心态有助于认清新趋势、把握新机遇。对组织而言，宏观环境已经发生了巨大变化，社会的经济增长方式与过去的经验相违背，在诸多信息面前，组织需要仔细甄别真伪，更需要以开放的心态认识现实。

然而，并非所有人与组织都能保持开放的心态。尽管德鲁克早在 20 世纪就强调了知识的重要性，但许多组织显然没有认识到这一点，或不愿意承认现实。为了培养知识工作者，社会与家庭投入了大量资源，希望借助知识这一关键生产要素，为个人、家庭和社会的可持续发展助力。与预期相反的是，部分组织如今依然秉持传统的管理思维，强调对员工的劳动力管理而非知识管理，为了组织的短期利益而透支知识工作者的长期发展潜力。我想这正是"我执"的体现，而我们每个人都需要以开放的心态"破我执"。

阅读指南

《下一个社会的管理》分为 4 个部分，共 15 章，每部分所包含的文章并不完全围绕部分的主题展开。

对初读者来说，不妨将该书当作推理小说来读，紧随德鲁克的视角，一起揭开下一个社会的面纱。首先请务必阅读前言，德鲁克在前言中简单介绍了该书的写作背景与内容，在前 3 部分交代了 3 条重要线索，即信息社会、商机和变化中的世界经济。在"信息社会"部分，德鲁克介绍了信息技术产生的影响，还对新经济和高层管理者的处境展开了讨论；"商机"部分则关注人与组织的关系，预测了知识工作者在未来社会的重要性，并对资本主义的发展趋势展开分析；在"变化中的世界经济"部分，德鲁克强调了非营利组织的重要性，并对未来的经济发展趋势进行了预测。

读者在阅读最后一部分之前，不妨结合自己的认知思考一下，你认为下一个社会是怎样的。形成自己的结论后，再翻开最后一章，看一看德鲁克的观点，在与德鲁克观点的相互印证中提高自身认知水平。

• 彼得·德鲁克语录[⊖] •

1. 若要在未来的经济和科技中保持领导地位，社会就必须承认并接受知识专业人才的价值，如果继续把他们当成传统的"员工"，就会像英国把科技专才当成生意人那样，那么相似的结果也会产生。

2. 如果你一开始就把变化当作威胁，你就不会创新。不要只因为什么东西不在你的计划之内，就排斥这种东西。意外经常是创新最好的来源。

3. 在知识经济和社会中，组织要超越其他竞争者，唯一的方法就是从同样一批人身上，得到更多的东西，也就是说，要靠管理知识工作者，得到更高的生产力，意即我们的一句老话："让平凡的人做出不平凡的事业。"

⊖ 本章语录中的内容引自机械工业出版社 2019 年版《下一个社会的管理》。

功能社会

A FUNCTIONING SOCIETY

导言

新社会是如何形成的？

公司何时开始成为经济活动的主角？

管理为何成为新社会的功能之一？

知识经济和新社会是如何演变而来的？

这样的社会有什么特点？

知识工作者和过去的手工劳动者有什么本质的不同？

…………

即便是今天，对这些问题的思考也萦绕在我们心中。

德鲁克被称为"现代管理学之父"，而他却认为自己是一个社会生态学家，原因在于他把管理、社会，乃至整个世界的发展都放在了社会生态的高度来思考和洞察。事实上，德鲁克最初和最首要的著作并不是关于管理的，而是关于社区、社会和政体的。他认为，在社区里个体拥有自己的身份，在社会里个体拥有自己的功能，因此建立能正常运转或起码可接受的社会（即功能性社会）是最基本也是最重要的。社会中的个体成员各有其身份，这是建立社会生活框架的基础；而决定性权力的合法性则塑造了这个框架内的格局——它使社会具体化，并创立了各种社会制度。如果社会没有赋予个体以身份和功能，那么社会就不是社会，而是一群社会原子在这个空间里漫无目的地飞舞。只有当权力合法时，才会有社会结构的存在；否则，就只有一个仅仅依靠奴隶制度和惯性维系的真空社会。

我们之所以读德鲁克的书，不是为了他的某一句话能够帮助我们做决策，而是为了学会厘清思路，从新的事物中挖掘其本质，找到其历史渊源。

你是否认为你的公司（不管这个公司是你自己创办和经营的，还是你是其中的一分子）是一个生态系统，是一个活的生命体，其中的每一个个体都有其特殊的身份和功能？

一个功能性社会是不断分化和构合的，公司或者各种各样的组织形式构成了社会化结构的有效性。而德鲁克所关注的核心，就在于如何让一个人、一家公司、一个社会有效，乃至卓有成效。我们看看自己的公司，它的结构是什么，每一个人、每一个部门是否在有效运转，是否在有效地履行其职责和功能。

社会是一个功能体，是人们努力追求改善和进步的结果，而非普通意义上自然生长的天然存在。社会是芸芸众生的舞台，社区、组织、个体都扮演着不同的角色。如何协调各个要素间的关系，发挥其功能，更好地实现组织和人的价值，更好地促进社会发展是管理者当下应该思考的问题之一。

概述

《功能社会》的内容选自德鲁克在 65 年间所著的有关社区、社会等方面的著作，该书从以下几个主题向读者讲述了其思想。

1. 新社会的形成

德鲁克深入探讨了启蒙运动与法国大革命的历史背景，提出了一个独到的见解：理性主义者所倡导的自由主义，在实践中往往滑向了极权主义的边缘，这种极权倾向最终都未能逃脱失败的命运。相反，他认为保守主义反革命在 19 世纪扮演了关键角色，成为构建自由社会的重要基石。在这一时期，英国与美国的保守派人士通过采用相似的方法论，在坚守自由原则的基础上，成功地构建起了既稳定又具功能性的社会结构。

2. 政府的角色

尽管在任何国家和社会中，政府都面临着各种挑战和问题，但是社会需要政府作为一个统一的中心、一个组织社会的核心机构、一个表达共同意愿和规划的角色。

政府在社会中扮演着重要的角色，它负责制定和执行政策，管理公共事务，维护社会稳定和发展。政府是社会的代表和管理者，它的决策和行动对社会影响深远。因此，应该对政府保持客观和理性的态度，既要看到它的不足之处，也要看到它的努力和贡献。

同时，应该认识到政府的工作是一个复杂的系统工程，需要各方面的协作和支持。政府需要与社会各界保持良好的沟通和互动，听取各方的意见和建议，不断完善自身的工作和服务质量。只有这样，政府才能更好地履行职责，为社会发展做出更大的贡献。

3. 组织在多元化社会中的角色

组织是执行社会任务的功能器官，在联合组织成员完成自身目标的过程中，组织赋予个人社会身份和社会功能，使社会能正常运转和发展，使个人存在和社会存在成为可能。多元化社会中的组织不能自发地成为真正的社区，组织文化必须总是独立于社区，现代组织必须身处社区之中，却不能从属于社区。一个高效、灵活和具有创新精神的组织是确保竞争优势的关键。

4.公司的社会职能

作为社会性组织的核心成员之一，公司不仅在经济领域发挥着关键作用，还承担着赋予个体身份与功能、促进平等的重要使命。在现代社会中，公司逐渐超越了单纯的营利机构定位，转变为一个多维度的政治与经济实体，深刻影响着社会目标的实现、社会价值的塑造以及社会效率的提升。

首先，公司必须为个体提供明确的身份认同与功能定位。在快速变化的职场环境中，员工渴望找到归属感和价值实现的途径。公司需要通过建立清晰的职业路径、提供专业培训和发展机会，帮助员工明确自己的角色定位，并在工作中找到个人价值与社会价值的交汇点。这种身份与功能的赋予，不仅能提高员工的忠诚度和满意度，也能增强组织的凝聚力和稳定性。

其次，公司应当致力于营造公平公正的竞争环境，确保每位员工都能获得平等的发展机遇。这意味着公司需要打破传统的性别、年龄、种族等界限，以能力和贡献为评价员工的主要标准。通过实施公平的薪酬制度、提供多样化的晋升渠道和塑造包容性的企业文化，公司能够激发员工的潜能和创造力，促进整个组织的持续发展和创新。

此外，随着社会责任意识的不断提升，公司逐渐成为承载社会目标、社会价值和社会效率的重要机构。公司不再仅仅关注自身的经济利益，而是更加积极地参与社会公益事业、推动环境保护和可持续发展。制定符合社会期望的商业战略、开展社会责任项目和加强与利益相关者的沟通合作，有助于公司赢得社会的广泛认可和尊重，在实现商业成功的同时为社会做出积极贡献。

5.知识社会的管理和沟通

在知识社会中，知识已成为推动社会进步、经济增长和工作创新的核心驱动力。它不仅是一种宝贵的资源，更是创造财富和就业机会的关键要素。因此，知识工作者的地位日益凸显，他们应当被视为机构中不可或缺的资本资产。

首先，将知识工作者视为资本资产意味着要高度重视他们的价值。知识工作者拥有独特的专业知识、技能和经验，这些是他们长期学习、实践和创新的成果。这些成果对机构来说具有极高的价值，因为它们能够创新产品、优化服务流程、提升市场竞争力。因此，机构需要像对待其他有形资产一样，对知识工作者的价值进行充分评估并给予认可。

其次，管理工作的核心任务之一就是保存这种资本资产并使其增值。这要求管理者采取一系列有效的措施来保护和利用知识工作者的知识资源。例如，建立完善的知识管理体系，鼓励知识分享和协作，促进知识的积累和传承；提供持续的学习和发展机会，帮助知识工作者不断更新知识结构、提升技能水平；建立激励机制，激发知识工作者的创新热情和创造力，鼓励他们为机构创造更多的价值。

此外，随着知识社会的不断发展，知识工作者的需求也在不断变化。他们不仅追求物质上的回报，更渴望得到精神上的满足和成长。因此，管理者还需要关注知识工作者的心理需求和职业发展需求，为他们提供个性化的关怀和支持。这包括塑造开放、包容的企业文化，营造积极向上的工作氛围；提供多样化的职业发展路径和晋升机会，帮助知识工作者实现个人价值和社会价值的统一。

6. 下一个社会

下一个社会将是知识社会。知识将是这个社会的主要资源，而知识工作者将成为劳动大军的主力。对于组织和个人来说，知识社会也是一个充满竞争的社会。

评论

德鲁克生于 20 世纪初，逝于 21 世纪初，他是 20 世纪的见证人和 21 世纪的预言家。毫不夸张地说，德鲁克对当代社会的发展趋势做了最全面（经济、政治、哲学、技术、社会、教育、管理、组织等方面）、最深刻（短期、中期、长期，微观、中观、宏观，西方、东方等视角）、最准确（老龄化社会、组织社会即新的多元化社会、知识社会的来临等判断）、最持久（从 20 世纪 30 年代到 21 世纪初，历时 60 多年）的预测和判断。

德鲁克是充满责任感和使命感的一代智者，他毕生的使命是建立一个理想的人类新社会。他关心社会的发展和人类文明，他最核心的价值观就是对人的研究、对人的关心和对个人自我价值实现的关怀。他扬弃了笛卡儿的近代世界观（整体等于各部分之和）和机械方法论（理性主义），意识到 20 世纪是巨变和转型的时代。他认为这次历史转型大约始于 1965 年，预计将持续到 2030 年。

新的世界观是德鲁克所谓的社会生态学的世界观，其要素不仅在于分析和逻辑推理，更在于感知和观察。要以生物学的观点取代机械论的观点，即整体并不等于部分之和。现代组织都是有机体，必须以活的思想和整体思维来把握，只依靠逻辑推理就对事物进行定性是十分危险的。

德鲁克同时指出，人作为社会存在，人的存在不能脱离社会。人生的意义取决于个人对社会贡献的大小，个人自我价值的实现与否归根结底取决于社会需要。人为了获得幸福不得不全方位地依赖于一个机能健全、运作良好的社会——功能性社会，这就是德鲁克社会思想的核心。

阅读指南

《功能社会》由七大部分组成。

第一部分"功能社会的基础"包括三章。在第 1 章"从卢梭到希特勒"中，德鲁克从启蒙运动、法国大革命说起，指出理性主义者们的自由主义是极权主义，认为极权主义是最终导致法国大革命失败的原因。在第 2 章"保守主义反革命"中，德鲁克分析了美国独立战争的本质，认为其为西方世界的自由提供了原则与制度，英美保守党人用同样的方法在自由的基础上建立了功能性的社会。第 3 章"保守主义的方法"分析了美国的发展之路——建立工业国家的社会制度和一个永恒的功能性社会组织。对社会基础的建立与发展感兴趣的读者可以仔细研读这一部分。

第二部分"极权主义的兴起"包括两章。第 4 章"再现的恶魔"分析了希特勒的纳粹主义，认为 19 世纪末欧洲社会的解体和社会制度的崩溃导致了极权主义的兴起。第 5 章"极权主义的兴起"论述了无论哪种形式的极权主义都不可能成功，极权主义是对新社会秩序缺失的掩饰，而非新社会秩序本身，其唯一的经济利益是保持工业生产机器的良好工作状态。

第三部分"政府的弊病"包括两章。第 6 章"从民族国家到万能国家"分析了西班牙等欧洲国家的发展，认为民族国家的兴起源于成为跨民族国家的动机。民族国家的设计初衷是希望成为公民社会的卫士，但万能国家却成为公民社会的主人。第 7 章"政府的弊病"分析了政府的不作为、官僚主义等弊病，但是社会依旧需要政府作为核心机构。对政府的历史发展及如何建立一个高效的政府感兴趣的读者可以研读这一部分。

第四部分"新多元主义"包括三章。第 8 章"新多元主义"论述了一个组织多元化、权力分散化社会的出现，人们迫切需要一种组织理论来指导行动。第 9 章"新组织理论"则分析了组织的本质。第 10 章"组织社会"分析了组织的社会功能及其和社区的关系，以及组织的管理问题。

第五部分"作为社会性组织的公司"包括三章。第 11 章"公司治理"讲述了公司的绩效经历了从科迪纳的"最佳平衡利益"到使股票价格最大化，再到企业创造财富能力最大化的变化。第 12 章"作为社会性组织的公司"论述了公司必须要给予个人以身份和功能，还要给予个人平等机遇和公正。第 13 章"作为政治组织的公司"指出公司逐渐成为社会目标、社会价值、社会效率的承载者。企业的管理者可以有针对性地阅读这一部分，这对于建立起一个富有社会责任感、发展良好的企业是大有裨益的。

第六部分"知识社会"包括四章。第 14 章"新世界观"讨论了"知识"含义的根本改变及分类。第 15 章"从资本主义到知识社会"回顾了资本主义和技术创新如何转型为资本主义制度和工业革命，从中总结出了向知识社会转型的驱动因素。第 16 章"知识工作者的生产率"分析了决定知识工作者生产率的 6 项要求。知识工作者必须被看作资产，而管理的工作就是要保存组织里的这种资产。第 17 章"从信息到沟通"阐释了沟通的四项原理，强调沟通是组织的一种模式。

第七部分"新社会"包括第 18 章"新社会"，德鲁克在文中预言了新社会的特征——老龄化和知识社会。

• 彼得·德鲁克语录[⊖] •

1. 我们需要政府作为组织社会的核心机构。我们需要一个表达共同意愿和共同愿景的机构，使每个组织都能够对社会和公民做出最大贡献，同时又能表达共同信念和共同价值观。

2. 当然，社会中任何人都不是一座孤岛，这并不是一个新发现。我们可以理所当然地认为，许多其他人从事自身的工作，客观上有助于我们所有人（包括隐士）以各自的方式生活，这并不是新鲜事。

⊖ 本章语录中的内容引自机械工业出版社 2022 年版《功能社会》。

3. 晋升标准问题是现代公司必须解决的真正难题。

4. 总之，如果把沟通视作从"我"到"你"的过程，就无法实现真正的沟通。只有将其视为从"我们的"一位成员到其他成员时，才能实现真正的沟通。

5. 知识社会是人类第一个向上流动潜力无限的社会。由于知识不能继承或遗赠，所以不同于所有的其他生产资料。每个人都必须从头学习知识，每个人都必须从全然无知的起点开始。

德鲁克演讲实录

THE DRUCKER LECTURES

导言

如果说《德鲁克演讲实录》有一条贯穿始终的主线，那么它就是德鲁克在他半个世纪的职业生涯中所思考的一个问题：从制造工作向知识工作的历史转变。在书中的这些演讲稿中，德鲁克从多个角度阐释了"使用我们的脑力而不是体力"的含义。1957年，他在一次国际管理大会上最早提出了著名的"用知识工作的人"的概念。

该书收录的第一篇演讲稿发表于1943年，当时德鲁克的演讲被一些宣传材料称为"具有启发性和高度信息量的"，同时也是"脚踏实地的"，能够用"商人可以理解和欣赏的语言"来进行沟通。最后一个演讲是在60年后，也就是2003年所做的，依然展现了相同的特质（尽管那时候德鲁克的听力已经开始下降）。

德鲁克所关心的核心问题，是从制造工作向知识工作的历史转变。随着科技的进步与社会的发展，知识工作已经逐渐取代传统的体力工作，成为社会的主导。在这样的背景下，德鲁克强调，知识工作者需要不断学习，更新自己的知识，以适应快速变化的社会需求。同时，组织也需要为知识工作者提供良好的工作环境和激励机制，以充分发挥他们的潜力。

在 21 世纪的今天，德鲁克的智慧与洞见仍为世人所推崇，而"管理"正如他创建管理学科的初衷一般，已经成为组织社会的基本器官和功能，管理不仅是"企业管理"，更是所有现代社会机构的管理器官。

由里克·沃兹曼整理的德鲁克演讲实录，既是对德鲁克一生管理思想的精彩总结，也是对现代管理理论和实践的深刻反思。只有围绕人与权利、价值观、结构和方式来解读其中的奥秘，方能深刻理解管理这门真正的综合艺术。

在该书中，可以感受到德鲁克一直强调的管理的目的在于创造价值、服务社会，而非单纯追求利润最大化；可以看到德鲁克对于组织绩效与成果的重视；可以看到技术与信息对于组织和社会的重要性……在数字化飞速发展的时代，如何有效地获取、处理和利用信息成了组织和个人成功的关键。只有积极拥抱新技术、新信息，不断提升自己的信息素养，才能适应这个快速变化的时代。就让我们一起跨越时空，再去听一听彼时先生的思想，感受这宛若阳光照进现实的温暖与力量。

概述

《德鲁克演讲实录》收录了德鲁克跨越半个多世纪的 26 篇演讲稿，是德鲁克大半生的写照。全书内容逻辑清晰、主题结构紧凑、呈现方式多样，从战略、创新、领导力、组织变革等多个管理领域，展示了德鲁克对于不同问题的看法。

通过梳理这些演讲的要点与主题，可以发现其中既包含德鲁克持续关注的主题——知识工作者与知识社会、组织绩效与成果、技术与信息、社会生态、非营利组织的管理、全球化等，又包含了很多未出版成书的想法。这些想法无不扎根于德鲁克丰富的管理经验和他对世界的深刻洞察，其核心思想聚焦于管理学的本质和未来发展趋势，从中可以感受到德鲁克的思想在随着时代不断演变。

该书各部分的主题及核心思想如下。

第一部分——人类和国家的哲思，主要围绕人类与国家之间的关系展开讨论，探讨了个体与集体、个人与社会之间的互动和影响关系，以及如何在全球化的背景下保持和发扬各自的文化传统和价值观。

第二部分——持续充分就业，主要围绕企业如何持续地为员工提供充分的就业机会，以及企业应该如何有效管理人力资源，实现员工和企业的共同发展展开讨论。强调企业的成功不仅取决于财务指标，更取决于对员工的重视和关爱，这种以人为本的管理理念是企业可持续发展的关键所在。

第三部分——技术革命与大型组织管理，主要围绕技术革命对企业和组织管理的影响，以及大型组织如何应对市场竞争和管理挑战展开讨论。本部分强调企业和组织管理者必须不断适应和引领技术革命的发展，善于创新和变革。德鲁克认为，有效的组织管理是企业成功的关键，需要领导者具备开放的思维、灵活的管理方式和高效的决策能力，以应对不断变化的市场环境和竞争压力。这种注重创新和变革的管理理念是企业实现长期发展和保持持续竞争优势的基础。

第四部分——环境、社会结构与管理绩效，主要探讨了企业管理在不断变化的社会环境和结构中所面临的挑战和机遇。本部分强调企业管理不能仅追求经济利润，还应该关注社会责任和环境保护。德鲁克认为企业需要在经营过程中平衡经济利益和社会利益，实现可持续发展。同时，他提倡建立有效的管理绩效评估机制，以确保企业能够持续提高管理水平和绩效表现。这些思想体现了德鲁克对企业社会责任和管理绩效的重视，为处于变化的环境和社会结构中的管理者提供了指导和启示。

第五部分——大型知识型组织的兴起与管理，主要探讨了知识经济时代中大型组织的特点、挑战和管理方法，知识资产的重要性，以及如何有效地管理知识型组织。本部分强调知识资产是企业最重要的资产之一，在知识经济时代，管理者需要重视知识型组织的管理。德鲁克提倡建立学习型组织，鼓励员工创新和知识共享，以提高组织的竞争力和创新能力。他的观点强调了在知识经济时代有效管理知识资产和知识型组织的重要性，为新时代的管理者提供了管理指导和思路。

第六部分——管理与自我管理，主要讨论了个人与组织管理的关系，以及如何进行有效的自我管理。本部分强调了管理者和员工在现代社会必须具备的技能和素质，以及如何在个人生活和职业生涯中实现成功。德鲁克认为，一个成功的管理者首先必须能够自我管理，包括自我激励、时间管理、目标设定和具备反思能力等。只有通过有效的自我管理，管理者才能带领团队取得成功。而且，管理者只有不断学习和进步，才能保持竞争力，适应快速变化的商业环境。管理者要善于与他人合作、沟通和协调，建立良好的人际关系，以在组织中取得成功。

第七部分——全球化与公司的未来，主要探讨了全球化对企业经营的影响以及未来企业应如何应对全球化挑战。本部分强调在全球化时代下，企业必须适应不断变化的全球经济环境，积极应对全球挑战，以实现长期成功。德鲁克认为，现代企业必须关注全球市场，了解全球经济趋势和竞争对手，积极寻求国际合作和发展的机会。在全球化时代，企业需要处理不同文化、价值观和习惯带来的挑战，建立跨文化团队，并培养具有跨文化视野的领导力。只有具备跨文化管理能力的企业才能在全球市场中取得成功。企业在追求利润的同时，也应承担社会责任，关注环境保护、社会公益和员工福祉。只有积极履行社会责任的企业才能赢得消费者和社会的认可，实现长期发展。

评论

　　《德鲁克演讲实录》是一部极具启发性的作品，该书通过对德鲁克的演讲和采访记录的编辑整理，结合社会现实，深入浅出地探讨了管理和领导力的重要性，强调了创新、社会责任和个人发展的重要性，具有重要的理论与实践意义。

　　德鲁克善于用生动的案例和故事来说明他的观点，这样能激发读者思考的热情，使得读者更容易理解和接受他的观点。此外，里克·沃兹曼还在每个部分起始处撰写了简要的评述，这有助于读者更好地理解德鲁克管理思想的演变脉络。

　　该书体现了德鲁克以人为本的管理思想。他强调管理的核心在于激发人的潜能，促进人的发展，而不是简单地追求效率和利润。这种思想在当今社会依然具有非常重要的意义，因为它提醒我们，管理的最终目的是服务于人，而不是凌驾于人之上。

　　该书也展示了德鲁克对知识的尊重和推崇。他认为知识是现代社会最重要的资源之一，只有通过不断学习和创新，才能应对日益复杂多变的环境。这对于培养我们的学习能力和创新意识有非常重要的启示作用。

　　该书还体现了德鲁克对社会的责任感。他认为企业应该关注社会问题，承担社会责任，而不仅仅是追求自身的经济利益。这种社会责任感不仅有利于企业的长远发展，也有助于提升整个社会的福祉水平。

　　《德鲁克演讲实录》是一本非常值得一读的书。它不仅汇集了德鲁克的管理智慧和人生哲学，还为我们提供了很多宝贵的启示和思考空间。无论是对于管理者还是对于其他读者来说，该书都具有很高的阅读价值和指导意义。通过对该书的阅读和思考，读者可以更加深入地理解知识工作、组织绩效、技术与信息等要素在当前社会中的实际应用。德鲁克提醒读者，管理不仅仅是控制和协调，更是创造和引领。

阅读指南

《德鲁克演讲实录》收录了彼得·德鲁克于 1943 年至 2003 年间发表的 26 篇演讲。书中整合了德鲁克的演讲内容，通过对话、观点阐述、案例分析等方式呈现了德鲁克的思想和观点。

在阅读该书之前，读者可以先了解一下德鲁克的生平和主要思想。通过了解他的背景和成就，读者将更容易理解他在演讲中所表达的观点和理念。

该书收录的 26 篇演讲稿被分为 7 个独特的主题。读者可以先浏览目录和概述部分，结合自身的实际情况和工作经历，选择感兴趣的演讲主题，了解德鲁克在不同时期、不同场合下对管理问题的独到见解，并思考如何将德鲁克的思想应用到实践中。这将有助于读者提升自身的管理能力和实践水平。同时，也建议读者做好笔记和总结，记录下重要的观点、案例和思考，以便日后回顾。

> **• 彼得·德鲁克语录⊖ •**
>
> 1. 技术革命既不是狂喜的时代，也不是绝望的时代，这是一个需要努力工作和承担责任的时代。
> 2. 知识无处不在，却又是稀缺资源。过去人类几乎不需要知识，或者说只需要非常少的知识。但是现在，知识是现代发达国家和

⊖ 本章语录中的内容引自机械工业出版社 2020 年版《德鲁克演讲实录》。

社会的关键资源，而我们才刚开始学习如何去管理它。

3. 我观察到，那些把自己的事业管理得很好的人——我指的不只是工作、金钱或职务方面，而是成就、满足感和贡献方面，他们都建立了自己的人脉。

4. 知识社会是一个员工的社会。

5. 你没有办法管理别人，除非你先做好自我管理。

管理（原书修订版）

MANAGEMENT(REVISED EDITION)

导言

　　《管理（原书修订版）》是彼得·德鲁克的经典著作《管理：使命、责任、实践》的修订版。原版书于1973年首次出版。彼时，全球正面临许多重大的社会和经济变革，如信息技术迅速发展、全球化加速推进、企业组织结构调整等。这些变化对管理实践提出了新的挑战，也对管理理论的发展产生了深远的影响。在这样的背景下，德鲁克开始思考如何将管理从一种技术工具转变为一种社会责任，以应对这些挑战。原版书是德鲁克在管理学领域的重要贡献之一，主要围绕企业绩效、服务机构的绩效、有生产力的工作和有成就的工作者、社会影响力和社会责任感、管理者的工作与职务、管理的技能与组织、高管层的任务与组织、战略与结构等展开论述，旨在提供一套指导管理者实践的条理化的"认知体系"。《管理（原书修订版）》是修订者马恰列洛在《管理：使命、责任、实践》的基础上，删除了原版书相当一部分内容，并融入了德鲁克于1974～2005年有关管理的著述形成的。

概述

《管理（原书修订版）》深入探讨了管理的本质、管理的任务、管理的责任，以及如何在实践中实现有效的管理。

该书首先详细阐述了管理者的三项责任（管理者所服务的机构的绩效、使工作富有生产力与让员工有所成就、管理社会影响和社会责任）以及组织中领导群体的责任。此外，该书介绍了管理者为了履行自己的职责必须承担的各种任务。最后，该书详细阐述了信息革命和知识社会对管理者和管理当局提出的各种新要求。相较于原版书，修订版对这些新要求的论述更加充分。

该书是一部具有重要价值的经典著作，主要有以下三个突出特点。

（1）对管理任务的深刻洞察。德鲁克在这部著作中，独树一帜地将管理的任务置于研究的核心位置。他强调，管理不仅仅是一份工作，其背后蕴含的技巧、工具和方法固然重要，但更关键的是理解并履行管理的根本任务。这部作品跳出了传统管理学的框架，从组织的外部视角审视管理，从而全面揭示了管理人员所需承担的责任和使命。这种全面而深入的剖析为读者提供了更广阔的视野和深刻的洞见。

（2）对管理文化的独特诠释。在探讨管理的性质时，德鲁克展现了其非凡的创新精神。他提出，管理既是一门学科，也是一种文化现象。管理不仅仅是科学的产物，它还深深植根于社会、文化和价值传统之中。管理既受到文化的影响，也在塑造文化和社会。这种对管理文化的独特诠释，使得这部作品在理论层面具有了前瞻性和深刻性。德鲁克强调管理的实际应用以知识和责任为基础，进一步突显了管理在社会实践中的价值和意义。

（3）对丰富管理经验的广泛融合。该书以大企业的管理经验为研究基石，旨在为西方大企业的经理提供实用的管理策略和科学方法。德鲁克凭借其担任银行的经济学家和大型企业咨询顾问的丰富经历，以及作为管理学家的独特视角，为该书注入了丰富的管理实践经验。他引用了来自世界各地（包括美国、英国、西欧、亚洲和拉丁美洲）的企业案例，其中既有成功的典范，也有失败的教训。这些丰富的经验资料不仅展示了管理的多样性和复杂性，而且为读者提供了宝贵的学习素材和借鉴经验。

总之，《管理（原书修订版）》一书对后来的管理学研究产生了深远的影响，为管理学的发展提供了重要的理论基础，为管理者和学者提供了宝贵的理论指导和实践启示。该书强调了管理者在组织和社会中的重要角色，提醒我们关注管理的伦理和道德层面，这对于理解管理的本质和责任具有重要的启示作用。该著作也为管理者提供了实用的理论框架和方法，有助于他们应对复杂的组织和社会挑战，实现有效的管理。

评论

《管理（原书修订版）》在当前社会现实中有很高的理论和实践意义。该书的核心思想对于指导管理者应对复杂的社会和经济挑战、实现有效的管理具有重要价值。

就管理的社会责任而言，在全球化、信息化和强调可持续发展的背景下，管理者面临的挑战更加复杂多样。随着社会对企业社会责任的关注度越来越高，企业需要在经济效益和社会效益之间取得平衡。德鲁克强调管理者应关注组织内外的利益相关者，这有助于企业在全球化竞争中树立良好的声誉，吸引优质客户和投资者，从而实现长期、可持续的发展。

就管理的伦理和道德而言，在当前的商业环境中，企业面临诸多道德和伦理上的挑战，如商业贿赂、虚假宣传、产品质量问题等。德鲁克强调管理者应具备道德和伦理觉悟，这对于引导企业树立良好的企业形象，帮助企业在竞争中赢得客户的信任具有重要意义。

就管理方法和技巧而言，德鲁克提出的许多管理方法和技巧在当前社会现实中具有很高的实用价值，例如：①时间管理：在快节奏的工作环境中，管理者需要合理安排时间，提高工作效率，德鲁克的时间管理方法可以帮助管理者区分重要和紧急事务，避免陷入"拖延陷阱"；②决策制定：在不断变化的市场环境中，管理者需要迅速、准确地做出决策，德鲁克的决策制定方法强调收集和分析信息，运用科学的方法制定明智的决策；③创新：在竞争激烈的市场中，创新是企业获取竞争优势的关键，德鲁克提倡创新思维，持续改进产品和服务，以满足市场变化中的需求。

就人才发展和团队协作而言，在知识经济时代，人才和团队成为企业最重要的竞争力。德鲁克关注员工的成长和发展，提倡建立高效的团队，这对于引导企业重视人才培养和团队建设具有重要意义。例如，企业可以通过提供培训和晋升的机会以及良好的工作环境来吸引和留住优秀人才，提高团队的整体绩效。

阅读指南

《管理（原书修订版）》是德鲁克对管理学进行深度洞察和全面解读的集大成之作。该书不仅是一部管理学著作，更是一部关于如何理解、实践和反思管理的哲学之作。该书分为 10 个部分，共 48 章。

第一部分至第五部分阐述了管理者的责任以及组织中领导群体的责任，具体介绍了管理的新现实、企业的绩效、服务机构的绩效、高效率的工作与有成就的员工，以及社会影响、社会责任及新多元化。第六部分至第九部分论述了管理者为了履行责任必须承担的各种任务和实务，具体介绍了管理者的工作与职责、管理技能、创新与创业、管理组织。第十部分则涉及信息革命和知识社会对管理者和管理当局提出的各种新要求。

该书蕴含了德鲁克对于管理的系统观——管理是一个整体。阅读此书，我们或可了解德鲁克所定义和期待的，管理作为一门"自由技艺"或者说"博雅管理"的真正含义。

• 彼得·德鲁克语录[一] •

1. 没有机构，就没有管理；没有管理，机构就不成机构，属下人员不过是一群乌合之众。

2. 管理是一种实践，而不是一门科学或一种职业，尽管它兼有后面二者的一些要素。如果试图只让那些持有专业学位的人从事管理，那么只会给社会和经济造成危害，最终的结果只会是用官僚主义者代替管理者，并且扼杀创新、创业和创造力。

3. 所有管理职务都要能让任职者从绩效中获得满足感。

4. 管理者始终要向上看，心怀整个企业，但他还必须向下负责，对自己团队里的人负责。

5. 凡管理者在职务范围内无权做出的决策，均应明确规定；凡未明文禁止的，均应视为其拥有相关职权和责任。

6. 管理开发和管理者开发不是要通过改变人们的个性对他们进行"改造"。开发的目的是让他们的工作更有成效，是让他们充分发挥自己的长处，让他们能够以自己的方式，而不是按照别人想要的方式开展工作。

[一] 本章语录中的内容引自机械工业出版社 2020 年版《管理（原书修订版）》。